KAROLINE MAYER | ANGELA KRUMPEN

Liebevolle

Gebote

für ein erfülltes Leben

Inhalt

Vorwort

»Ich reiße euch das Herz aus Stein heraus und pflanze euch ein Herz aus Fleisch ein«, sagt der Prophet Ezechiel im Alten Testament. Schwester Karoline Mayer hat ohne Zweifel ein solches echtes Herz, eines, das mitfühlt und dann handelt. Eines, das liebt.

Ich habe großen Respekt vor dem, was Schwester Karoline in ihrem Leben bewegt, im Leben von zigtausend Menschen erreicht und in den Herzen von noch mehr Menschen gesät hat. Sie ist eine sehr kluge, zähe, furchtlose und charismatische Person, die Ungeheures geleistet hat. Nicht umsonst wird sie »Mutter Teresa der Anden« genannt. Was Schwester Karoline freilich von Herzen ablehnt. Zu viel der Ehre, findet sie. Und irreführend. Denn sie will, anders als Mutter Teresa, politisch leben. Bei meinen Begegnungen mit ihr stand mir eine in sich ruhende kleine Person gegenüber. Jedem Menschen, mit dem sie gerade sprach, war sie ganz zugewandt.

1968, auf dem Höhepunkt der Studentenbewegung, hat Schwester Karoline weder demonstriert noch rebelliert, sondern sich im Gegenteil in Gehorsam geübt: Sie hatte ihrem Orden den Herzenswunsch vorgetragen, als Ärztin in China oder Indien mit den Armen zu leben, doch sie wurde zur reichen Oberschicht im katholischen Chile geschickt. Schnell wurde sie der Not gewahr, die es auch dort in der Hauptstadt Santiago gab. Und sie handelte: Gegen viele Widerstände zog sie aus dem reichen Kloster aus – und in eine klitzekleine Hütte im Armenviertel ein. Sie gründete Suppenküchen und Kindergärten. Oft bekam sie hohen Besuch, beispielsweise von Präsident Allende. Ihrem Orden blieb sie ein Dorn im Auge. Schließlich wurde sie von den Ordensoberen wegen ihrer Unterstützung für die Armen aus Chile abberufen.

Schwester Karoline war in Deutschland, als sich das Militär unter General Pinochet 1973 an die Macht putschte. Sie wollte unbedingt zurück und bei den Menschen dort sein. So verließ sie den Orden und flog, jetzt völlig auf sich gestellt, zurück ins Armenviertel. Dort erlebte sie die Schrecken der Diktatur, versteckte Menschen und half, Verfolgte ins Ausland zu schleusen. In den Augen der brutalen militärischen Machthaber war die Arbeit in den Armenvierteln offener Widerstand. So blieb es nicht aus, dass Schwester Karoline verhaftet und verhört wurde und Bomben unter ihrem Auto fand. Dass sie ihr Leben riskierte, bereitete ihr keine Probleme. Es gehört schlicht zu dem, was sie »meinen Dienst tun« nennt: nämlich für die Menschen da zu sein.

Nach dem Ende der Militärdiktatur (1988) ist dann ein riesiges Sozialwerk entstanden – allein in Santiago sind mittlerweile 21 000 Menschen aus den Armenvierteln im Gesundheitszentrum eingeschrieben und können dort kostenlos mit modernster Medizin behandelt werden. Dazu kamen Kindergärten, Rehabilitationskliniken für Drogenkranke, Werkstätten für Behinderte, Berufsschulen, Frauenausbildungsstätten. Und das nicht nur in Chile, wo die Situation sich zwar insgesamt etwas entspannt hat, wenngleich die Armen immer noch kaum Chancen auf Bildung haben, sondern mittlerweile auch bei den bitterarmen Menschen in Bolivien und Peru.

Der Schriftsteller Heinrich Böll muss jemanden wie Schwester Karoline vor Augen gehabt haben, als er schrieb: »Es wird uns eingeredet, daß Mitleiden in den Bereich der Sentimentalität gehört. Das ist eine Lüge. Mitleiden ist eine ungeheure Kraft, eine große Energie (...). Ich habe den Eindruck, daß man uns einreden will, die Zeit der Humanität sei vorbei, die Zeit des Mitleidens sei vorbei. Harte Herzen brechen leichter als mitleidige Herzen, die eine große Kraft haben.«

Von dieser großen Kraft handelt dieses Buch.

Franz Meurer
Pfarrer im sozialen Brennpunkt, Köln

Post aus Chile I

Unsere lieben Freunde!

So fangen meine Briefe aus Chile an, die ich seit vielen Jahren an unsere Freunde und Unterstützer in Europa schicke. Wenn ich heute euch schreibe, will ich es so halten, wie ich es immer halte: Ich will euch duzen. Schon lange habe ich mir angewöhnt, alle Menschen zu duzen. Reich, arm, berühmt oder nicht berühmt, das ist mir gleich. Manchem erscheint das Du erst einmal wie ein Überfall. Wenn die Augen meines Gegenübers gar zu schreckgeweitet sind, dann erkläre ich mich: »Weißt du«, sage ich dann, »ich bin selbst mit dem lieben Gott auf Du und Du und so möchte ich es auch mit dir halten.«

Das gilt natürlich auch für dich, die beziehungsweise der du dich mit mir auf dieses Buchabenteuer einlässt. Ich stelle mir vor, du kämest uns, wie so viele Menschen vor dir, in Chile besuchen, um eine Zeit lang mit uns zu leben, unsere Arbeit kennenzulernen und unsere Erfahrungen mit uns zu teilen.

In den vierzig Jahren, die ich nun in den Armenvierteln Lateinamerikas lebe, habe ich viel über die Liebe gelernt. Die wichtigste Einsicht ist die, dass wir auf der Suche nach dem Glück viele Jahre unseres Lebens einem tragischen Missverständnis unterliegen. Denn die meisten Menschen suchen verzweifelt danach, geliebt zu werden. Aber das macht nicht dauerhaft glücklich. Wirklich glücklich macht es, zu lieben. Lieben heißt tun, aktiv sein. Hier in den Armenvierteln habe ich das tausendfach beobachtet, an mir und an allen Menschen, die unseren Weg mitgehen. Und an den vielen Wundern, die geschehen sind.

Auch wenn viele Menschen uns besuchen, um diese Wunder der Liebe mit eigenen Augen zu sehen und Orientierung für sich selbst zu finden, so musst du doch verstehen, dass ich keine Ratschläge geben möchte. Ich glaube zutiefst, dass jeder Mensch frei ist und seinen Weg nur selbst finden kann. Doch alle sind eingeladen, an unserem Leben teilzuhaben. Deshalb habe ich dieses Buch geschrieben. Ein Buch über die Liebe. Eine Einladung für dich, für euch, in unser Leben einzutauchen.

Wobei ich hier, wenn ich von Liebe spreche, eine ganz umfassende Liebe meine, die weit mehr als romantische Gefühle bedeutet. Liebe, das ist zuallererst die Liebe zu sich selbst. Zur echten Selbstliebe gesellt sich von ganz alleine die Nächstenliebe. Wobei »der Nächste« ein weiter Begriff ist und keineswegs nur unsere Familie und Liebsten meint. Für mich sind alle Menschen Kinder Gottes, also ist auch jeder mein Nächster. Wird Liebe so verstanden und gelebt – das zeigt die Erfahrung –, wird sie unausweichlich politisch: Solidarität ist die politische Form der Liebe.

Die schönsten Geschichten der Liebe, jede ein liebevolles Gebot, habe ich zu einem Geschichtenstrauß für euch gebunden. Manche Geschichten mögen auf den ersten Blick weit entfernt von eurem Alltag sein, doch sie sind euch näher, als es vielleicht erscheint. In ihnen blühen universelle Wahrheiten. Ihr könnt sie für euer Leben entdecken. Blumen müssen gewässert werden, damit sie wachsen und blühen können. Was das Wasser für die Blumen, ist die Liebe für unsere Herzen.

Im Herzen eines jeden Menschen wohnt ein Traum, eine tiefe Sehnsucht. Das ist immer die Liebe. Nichts wünsche ich euch mehr: Findet sie, lebt euren Traum. Dann werdet ihr glücklich sein.

Von Herzen umarmt euch,
eure Karoline

Wo immer ich bin, ist es gut so

Der Plan fürs Wochenende ist perfekt. Da wird das Kind krank oder die Oma stürzt oder der Wetterbericht hält nicht, was er verspricht. Es gibt so viele Dinge, die unsere Vorhaben durchkreuzen können. Ehe man sichs versieht, befindet man sich in einer Situation, die man so eigentlich nicht gewollt hat. Und wie oft müssen wir an einem Ort oder unter Menschen sein, wo wir uns eigentlich überhaupt nicht wohlfühlen! Beispielsweise in einer Behörde oder auch im Job. Wie soll das gut sein?

Die Worte »Wo immer ich bin, ist es gut so« lassen im Herzen eine Sehnsucht anklingen. Doch warum nur kämpfen wir dagegen an, wann immer sich das Leben anders entwickelt, als unsere Pläne es vorsehen? Warum nur betrachten wir es als eine Baustelle, an der wir permanent zugange sind? Da ist immer noch irgendetwas zu erledigen, ehe wir uns entspannt zurücklehnen können. Eine Baustelle ist nichts, was ein Gefühl des Wohlbefindens oder der Stimmigkeit auslöst ...

Termine, Stress und Hektik – das sind für die meisten Menschen heute große Herausforderungen. Wir sind anspruchsvoll geworden. Wollen einen spannenden Beruf, der uns fordert. Die Väter sollen und wollen auch Zeit mit ihren Kindern verbringen. Wir möchten etwas für unsere persönliche Entwicklung tun und unsere Freunde wollen wir natürlich auch gelegentlich sehen. So ist der Terminkalender dicht gefüllt. Obendrein machen wir häufig verschiedene Dinge gleichzeitig: telefonieren und dabei die E-Mails lesen beispielsweise. Oder wir sind in Gedanken schon beim nächsten »Programmpunkt« beziehungsweise hängen vergangenen Dingen nach. Selten sind wir mit Kopf und Herz bei dem, was wir gerade tun. Zwar können wir so leben, aber es zehrt an unseren Nerven. Und so erleben wir unsere Tage zerrissen, sind abends müde und erschöpft und wissen nicht einmal, warum eigentlich.

Vertrauen schöpfen

Was, wenn wir tatsächlich sagen können: Es ist in Ordnung so, wie es ist? Wenn wir überzeugt davon sind: Wo immer ich bin, ist es gut so? Wir wären demnach immer mit den richtigen Menschen zusammen, immer zur richtigen Zeit am richtigen Ort.

Wirklich an dem Ort zu sein, an dem wir gerade sind, wirklich bei dem zu sein, was wir gerade tun, heißt, präsent zu sein und wach und um so vieles lebendiger und leichter. Für diese Haltung ist eines unabdingbar: das Vertrauen, dass es, wo immer wir gerade sind, gut ist. Wenn du dich traust zu vertrauen, werden die anderen darauf reagieren. Aus deinen Augen wird die Liebe leuchten. Auch in dein eigenes Herz zurück.

»Wenn ich hinter eine Situation schaue, fühle ich den Lebensstrom, von dem ich ein Teil bin und der mich trägt.«

Gestrandet in der Abfertigungshalle: Aus Demütigung wird Begegnung

Im Oktober 2010 folgte ich einer Einladung in die Schweiz. Der Flug führte mich über New York. So landete ich auf dem John F. Kennedy Airport. Alle Insassen des Fluges mussten durch die Passkontrolle. Vor mir befand sich eine riesige Menschenmenge, eine nicht enden wollende Schlange, dazu sicher fünfzehn Zollbeamte. Wir waren fast alle nur auf der Durchreise und wollten nicht einmal in die USA einreisen. Doch wir wurden schikaniert und gedemütigt und letztlich wie Schwerverbrecher behandelt!

Die Menschen waren erschöpft vom Nachtflug. Sie drängelten untereinander, viele machten einen unglücklichen Eindruck. Das Klima war angespannt. Ich selbst war übermüdet. Für die nächste halbe Stunde war kein weiterer Flug angesagt. Somit würden keine neuen Fluggäste von den Flugzeugen »ausgespuckt« werden, die das Chaos in der Halle noch hätten vergrößern können. Daher scherte ich für eine Weile aus der Schlange aus und suchte mir einen Platz am Rande.

Schöne Neue Welt?

Da saß ich und beobachtete die Menschen. Mein Blick wanderte zur Hallendecke. Rundum waren die Geschichte und das Leben in den USA dargestellt: Städte, Landschaften, Begebenheiten und überall Menschen unterschiedlicher Herkunft.

Plötzlich war ich enorm betroffen. Nicht ein einziges der weit über hundert gemalten Gesichter dort auf den Bildern hatte weiche Züge oder zeigte gar ein Lächeln. Nein, ich konnte nur harte Augen und verbissene Münder entdecken. So sah also das Abbild des »gelobten Landes«, der Vereinigten Staaten von Amerika, aus! War das die neue, freie Welt, die für so viele Menschen rund um den Globus das Ziel ihrer Sehnsucht nach einem besseren Leben und nach Glück bedeutete? Hart und verbissen?

Ich saß und schaute und wurde von Minute zu Minute trauriger über diese Härte, mit und unter der die Menschen lebten. Dann musste ich wieder zurück in die Schlange. Erschüttert von meiner Beobachtung, blickte ich zu den Wartenden. Plötzlich wurde mir mit Entsetzen klar: auch hier kein Lächeln. Nur graue Gesichter, gezeichnet von Erschöpfung, Anspannung und Aggression. Unter den Menschen in der Halle war genauso wenig Freude zu finden wie in den Gesichtern an der Hallendecke.

Die Worte von Meister Eckhart

In dieser Nacht in der Warteschlange – über mir die griesgrämigen Gesichter, um mich herum die grauen, erschöpften, angespannten Gesichter der Wartenden – flüsterte mir auf einmal eine Stimme ins Herz: »Wo immer du bist, ist es gut so.« Es waren die Worte von Meister Eckhart, dem deutschen Mystiker des Mittelalters. Seinem Werk war ich früh in meinem Leben begegnet. Der eigentliche Spruch heißt: »Die wichtigste Stunde ist immer die Gegenwart, der wichtigste Ort ist immer der, an dem du gerade bist, der bedeutendste Mensch ist immer der, der dir gerade gegenübersteht, und das notwendigste Werk ist immer die Liebe.«

Die Worte, die ich hörte, verwandelten meine Traurigkeit, und meine Betroffenheit wich der Einsicht: Das Leben ist zu kurz und viel zu kostbar für so viel Härte, Erschöpfung und Aggression. Was könnte ich genau hier und genau jetzt tun? Mein Blick fiel auf ein müdes kleines Mädchen. Es saß auf einem Gepäckwagen und quengelte vor sich hin. Ich zwinkerte der Mutter zu und fing an, die Kleine aufzuheitern. Ich versteckte mich, warf etwas in die Luft und machte meine Späße mit ihr. Bald waren wir in ein Spiel vertieft und die Menschen um uns herum wurden auf uns aufmerksam. Eine Frau neben mir fragte mich, was ich in Chile machte. Während ich ihr kurz von meinem Dienst bei den Armen erzählte, merkte ich, wie andere die Ohren spitzten und interessiert zuhörten. Eine Dame wollte sogar wissen, wann ich nach Chile zurückginge, und bot sich für die Zukunft als Freiwillige an. Ein junger Mann überreichte mir seine Visitenkarte und erzählte mir, dass er Flugzeugpilot sei und ebenfalls Interesse habe, meine Arbeit kennenzulernen.

Auf einmal: Leichtigkeit

Während wir uns noch unterhielten, konnten wir feststellen, dass plötzlich viele der Wartenden begannen, miteinander zu reden. So kamen wir mit immer mehr Menschen ins Gespräch. Aber wir schimpften nicht mehr über die Situation. Nein, jetzt scherzten und lachten wir miteinander. Es war ein leichtes, ansteckendes Lachen. Für die Dauer unseres Aufenthaltes im Transitbereich waren wir zu einer ziemlich lustigen Truppe geworden. Es wurde leicht und hell, nicht nur in meiner unmittelbaren Umgebung. Niemand drängelte mehr. Plötzlich konnten alle fühlen: Wir sind Menschen! Jeder und jede von uns. Keiner stand mehr für sich alleine in der Schlange, vielmehr waren wir in Wohlwollen und Humor miteinander verbunden. Die Liebe war wieder mit im Spiel. Zum Glück!

In einem solchen Klima können wir unser Herz weit werden lassen. Wenn Menschen einander mit dieser neuen Perspektive anschauen, können sie fühlen, dass wir alle gleich sind, alle Geschwister, alle auf demselben Weg unterwegs. Wir alle wollen Leid vermeiden, jeder von uns will glücklich sein. Wenn wir uns dessen bewusst sind, dann leuchtet Gott auf, dann leuchtet die Liebe.

Glaubt mir, es war ein langer Weg des Einübens, bis das ein Teil von mir geworden ist, dass ich es auf mich zukommen lassen kann, was die Stunde ergibt, dass ich nicht an meinen Plänen und Vorlieben festzuhalten brauche. Das ist keine Mechanik, dahinter ist der Lebensstrom, der mich trägt. Und es gelingt nur, wenn ich mich selbst liebe. Charlie Chaplin hat das wunderbar ausgedrückt: »Als ich mich selbst zu lieben begann, habe ich verstanden, dass ich immer und bei jeder Gelegenheit zur richtigen Zeit am richtigen Ort bin und dass alles, was geschieht, richtig ist. Von da an konnte ich ruhig sein.«

So ist es, so erlebe ich es. In jener Nacht am Kennedy Airport war es gut, so übermüdet durch den furchtbaren Transitbereich zu müssen. Mich nicht wegzuträumen, sondern mit meiner Präsenz dazubleiben und die Härte, die Demütigungen und Verletzungen in diesem Raum wahrzunehmen. Mit dem Wissen: Wo immer ich bin, ist es gut so, konnte ich mich ganz der Situation stellen. Die Liebe konnte zurückkehren.

MEINE EINLADUNG AN DICH:
KOMM IN DER GEGENWART AN

Das Leben wäre ein Traum, wenn wir wirklich immer zur richtigen Zeit am richtigen Ort wären. Aber meist sind wir das nicht. Was hebt das liebevolle Gebot dieses Kapitels über einen bloßen Kalenderspruch hinaus? Wie können die Worte von Meister Eckhart in unserem Leben real werden?

Das, was ist, einfach annehmen

Viele Menschen hadern mit dem, wohin das Leben sie gestellt hat. Der Lärm aus der Nachbarwohnung, die schlechte Laune des Chefs, der Ärger mit den Lehrern der Kinder usw. Das Leben bietet uns auf sehr erfinderische Weise beständig neue Gründe, unzufrieden zu sein. Irgendetwas läuft immer so, wie es nicht sollte.

* Wenn du das nächste Mal in eine Situation kommst, die du so nicht gewollt hast, dann wage, anstatt zu hadern, einfach ein kleines Experiment und spiele vertrauensvoll mit dem Gedanken: Es ist gut so, wie es ist. Auch wenn deine Pläne ganz andere waren ...

Den Blickwinkel wechseln

Nach dem ersten, ganz natürlichen Ärger ist es hilfreich, die Situation unter einem neuen Blickwinkel anzuschauen: Wozu könnte es gut sein, dass ich gerade jetzt gerade hier bin und dass meine Pläne durchkreuzt wurden? Irgendetwas könnte sinnvoll sein für dich selbst oder für Menschen, denen du durch diese Umstände begegnest. Möglicherweise gibt es eine Aufgabe, die gerade jetzt und hier auf dich wartet.

* Wenn du einen Zug verpasst hast, findest du beim Bummel in der Bahnhofshalle während der unerwartet freien Zeit vielleicht genau das T-Shirt, das sich dein Sohn schon so lange wünscht.

* Oder es läuft dir eine gestresste Frau aus einem anderen Kulturkreis in die Arme und du kannst ihr die Zeit schenken und sie
  sicher zu ihrem Abfahrtsgleis begleiten.

Das Geschenk des Augenblicks

Mit der neuen Perspektive, die das Gute an der unvorhergesehenen
Situation sieht, können wir den Ärger überwinden und frei werden
für das, was der Augenblick uns schenkt. Man hängt nicht mehr
wie ein von den Flusswellen ins Ufergestrüpp geschwemmtes Stück
Treibgut fest, sondern fließt leicht mit den Ereignissen. So erlebt
man einen Moment voll Leichtigkeit und Liebe – nicht nur zu den
anderen Menschen, sondern auch zu sich selbst.

* Wenn du mit solchen kleinen Dingen anfängst, wird sich eine
  gelassenere Lebenseinstellung zunehmend auf die größeren Themen in deinem Leben ausweiten.

Heute lasse ich die Dinge vertrauensvoll auf mich zukommen

Um wirklich so sein, so leben zu können, dass, wo immer ich
bin, es gut ist, braucht es eine Voraussetzung: Ich muss ganz
bei mir sein. Dieses Bei-mir-Sein ist in meinem Leben mit den
Jahren gewachsen.

Ich weiß sehr gut, was es heißt, gedanklich in der Vergangenheit oder in der Zukunft zu leben. Das brachte eine große
Zerrissenheit mit sich, aber ich kannte es nicht anders. Doch
das, was Meister Eckhart sagt, ist immer stärker geworden
in meinem Leben. Inzwischen kann ich auf mich zukommen
lassen, was die Stunde ergibt und welchem Menschen oder
welcher Aufgabe ich begegne.

Lass dich anrühren von Kummer und Leid

Mit einem harten Herzen zu leben, ist eine schwere Last. Vor allem für den, der das harte Herz in sich trägt. Kein Wunder, denn ein hartes Herz führt schnell dazu, dass es auch zwischen den Menschen kälter wird – ein bisschen so wie im Märchen von der Schneekönigin, die den kleinen Kay in ihre kalte Welt entführt, nachdem sein Herz zu einem Eisklumpen erstarrt ist.

Die vielen Gesichter der Kälte

Die Kälte erwächst aus der Hartherzigkeit und zeigt sich beispielsweise als soziale Kälte: etwa wenn sich die Leben von Eltern und ihren erwachsenen Kindern kaum berühren und sie sich wenig zu sagen haben oder wenn Einzelkämpfer unter den Kollegen den anderen misstrauen. Kälte geht aber genauso von schmuddeligen Fußgängerzonen, ungepflegten Spielplätzen und zerkratzten Bahnsitzen aus. All das würde nicht so oft beklagt, wäre die eigentliche

Sehnsucht der Menschen nicht eine ganz andere und auch nicht so groß – die Sehnsucht nach einer wärmeren Welt, in der die Menschen ihre Herzen öffnen.

In der Welt, in der wir leben, ist es ein großes Kunststück, sein Herz nicht zu verschließen: Überschwemmungen, Kriege, Hunger, Flucht – das Fernsehen bringt jede Woche neue Katastrophenbilder, meist weit entfernt von uns. Diese Bilder wecken oft eine große Hilfsbereitschaft, die ferne Not rührt viele Menschen für den Moment. Doch auf die Dauer wird so eine große Ohnmacht erzeugt.

Dabei gibt es Leid auch in Mitteleuropa. Die soziale Schere geht immer weiter auseinander, immer mehr Kinder wachsen in Armut auf. Familien geraten durch Arbeitslosigkeit, Krankheit oder Trennung in finanzielle Not. Menschen sind Schicksalsschlägen ausgesetzt … Wer hinschaut und vor allem hinfühlt, wird auch vor der eigenen Haustür genügend Probleme finden. Aber ganz gleich, auf welches Leid jemand blickt – es an sich heranzulassen, tut weh.

»Der Schmerz berührt mich dort, wo Gott in mir sitzt. Gott, der mich hat, um den Menschen beistehen zu können, der es gefügt hat, dass ich genau diesen Menschen treffe.«

Leider hilft nichts gegen den Schmerz, den wir fühlen, wenn andere Menschen leiden. Also schotten wir uns dagegen ab, von den täglich durchs Fernsehen gelieferten Katastrophen abgestumpft und nicht zuletzt ohnmächtig. Doch selbst Ohnmacht schmerzt.

Kein kleines Dilemma, in dem wir uns da befinden – eher die Wahl zwischen Pest und Cholera: entweder einem dumpfen Schmerz ausgesetzt zu sein – oder den Preis für ein hartes Herz zu zahlen. Wo bleibt da Raum für unsere Sehnsucht nach einer anderen, besseren Welt mit mehr Wärme und Mitgefühl für das Leid der anderen?

Wie Nelson Kinder aufnimmt und aus einem Kreuz leuchtend blaue Himmelsblumen werden

Es ist schon lange her. Diese Geschichte trug sich 1979, in den Anfängen unserer Arbeit, zu, noch in der Zeit der Diktatur in Chile. Wir hatten schon die ersten Kindergärten eingerichtet. In einen von ihnen brachte eine junge Mutter aus dem Armenviertel ihre drei Kinder. Schon bald wurden wir gewahr, dass die Mutter schwer krank war. Sie hatte Gebärmutterkrebs.

Krebs ist immer fürchterlich. Die Armen aber sind seinen zerstörerischen Kräften völlig schutzlos ausgeliefert. Wenn ich zu ihr ging, konnte ich immer schon viele Meter vor ihrer Hütte den Gestank ihrer Krebsgeschwüre riechen.

Ihr Mann hatte sie ausgerechnet jetzt verlassen. Es war klar, dass sie bald würde sterben müssen. Was sollte dann nur mit den Kindern geschehen? Mit meiner Mitschwester Maruja zerbrach ich mir den Kopf darüber. Eine wirklich gute Lösung aber fiel uns nicht ein. Wer würde drei kleine Kinder auf einmal aufnehmen? Wir beschlossen, für jedes Kind eine Familie zu suchen und diese zu unterstützen.

Hilfe, mit der wir nicht gerechnet hatten

Die Mutter starb. Doch nach der Beerdigung konnten wir die Kinder nicht finden. Jemand hatte sie mitgenommen. Wir brachten in Erfahrung, dass die Kinder bei Nelson waren, ihrem Onkel, der selbst einen ganz kleinen Sohn bei uns im Kindergarten hatte.

»*Madre* Karolina, ich werde für die Kinder meiner Schwägerin sorgen«, sagte er. Diese Bereitschaft, drei kleine Kinder zu sich zu nehmen und sich um sie zu kümmern, erschütterte mich. Wie sollte denn dieser bitterarme Mann drei weitere Kinder ernähren können?! »Wie willst du das machen?«

»*Madre*, sei ohne Sorge, das wird mir schon gelingen.«

Harte Arbeit für wenig Geld

Ich kannte Nelson kaum, aber ich hatte das Gefühl, dass er ein entschlossener Mann war, der sein Wort halten würde. Obschon er alleinstehend war und arbeitete, sorgte er gewissenhaft für sein Kind, das wusste ich.

Als er so mit mir redete, aufrichtig und klar, bemerkte ich seinen Mut und seine Bereitschaft, aber auch sein großes Herz, diese Aufgabe zu übernehmen. Ja, es war für ihn ganz selbstverständlich. Dennoch war ich voller Sorge. Es war noch nicht einmal genug zu essen für ein Kind da. Wie sollten da vier Münder satt werden?

»Nelson«, fragte ich deshalb. »Was genau arbeitest du?« Ich wollte mehr über ihn erfahren, um herauszufinden, ob und wie wir ihn unterstützen könnten.

»Oh, ich arbeite mit Steinen, *Madre*.«

Ich überlegte, was das sein mochte, mit Steinen arbeiten. Es war die Zeit, in der immerhin ein wenig in die Infrastruktur der Armenviertel investiert wurde: So versuchte man an einigen Stellen, der Schlamm-, Morast- und Fäkalienfluten durch gepflasterte Wege Herr zu werden. So dachte ich, Nelson sei ein Straßenarbeiter. »Ah, im Straßenbau arbeitest du, was für eine schwere Arbeit!«

Nelson lachte, schüttelte den Kopf und zeigte auf seine blauschwarzen Arme und Hände: »Aber nein, *Madre*, nicht im Straßenbau, ich arbeite mit Steinen.«

Endlich begriff ich: »Mit Edelsteinen arbeitest du! Wie schön. Mit welchen denn, und was machst du genau?«

Nelson sprudelte glücklich los und erzählte, dass er Lapislazuli, einen wunderschönen, tiefblauen Stein, den es in Chile gibt, mit Silber zu Schmuck verarbeitete. Nelsons Auftraggeber war ein Silberschmuckfabrikant, von dem er für schrecklich viel Arbeit doch nur einen Hungerlohn erhielt. Es waren, wie fast immer für die Menschen, mit denen ich in den Armenvierteln zusammenarbeite, entwürdigende Bedingungen.

»Wie gut, dass ich das jetzt weiß. Nelson, ich danke dir sehr. Lass mich nur nachdenken«, sagte ich.

Gemeinsam mit Maruja überlegte ich, wie wir Nelson unterstützen konnten. Schließlich fiel mir etwas ein und ich suchte ihn wieder auf. »Nelson, wir brauchen ein kleines Zeichen für unsere Gemeinschaft. Etwas, das uns alle verbindet und das sofort zum Ausdruck bringt, worum es uns geht. Meinst du, du kannst aus Lapislazuli eine kleine Blume in der Form eines Kreuzchens für uns entwerfen?«

Nelson verstand sofort, worum es uns ging. Von seinem Entwurf waren wir alle begeistert: Er schlug uns eine kleine, tiefblaue Himmelsblume in der Form eines Kreuzes vor, eingefasst in Silber. Wir waren einverstanden und bestellten es bei Nelson als Dauerauftrag. Auf diese Art wurde Nelson unabhängig von den ausbeuterischen Schmuckfabrikanten und Schmuckhändlern. Und nicht nur das: Jetzt verdiente er genug, dass alle vier Kinder satt und bei ihm groß werden konnten.

Eine Idee wird zum Segen

Ich bin davon überzeugt, dass Nelson einem Instinkt gefolgt ist, der uns allen eigen ist. Wir müssen nur auf ihn hören. Dadurch dass Nelson in der Not so zuversichtlich gehandelt hat, sind alle ein Stück glücklicher geworden. Die Kinder in erster Linie. Um sie ging es vorrangig. Heute sind sie längst erwachsen, stehen im Leben und haben eigene Familien. Und wir, die Menschen in unserer Gemeinschaft, haben seit mehr als dreißig Jahren ein Blumenkreuz als Zeichen unserer Verbundenheit. Als Symbol für unsere Arbeit. Vor allem aber als ein Bild, wie wir das im Christentum so zentrale Kreuz verstehen: Im Kreuz schimmert der Himmel durch. Ja, beim Kreuz geht es um Leid und Leiden. Beides gibt es immer im Leben, auch wenn wir es nicht so haben wollen. Aber wer sich vom Leid berühren lässt – der fühlt den Himmel. In sich. Und holt ihn für die anderen auf die Erde. Ich kann es nicht mehr zählen, aber es waren sicher viele Zehntausend Mal, dass wir das Kreuzchen seither verkauft oder verschenkt haben. Und es ist jedes Mal, als ginge der Himmel über uns auf. Fast werden alle ein wenig andächtig.

Wie viel Gutes für alle aus Nelsons Entschluss erwachsen ist! Hier ist es mit Händen zu greifen: Wo die Liebe Regie führt, werden alle glücklich. Für einen kleinen Moment schwappt das Glück selbst zu den Menschen, denen ich so viele Jahre später die Entstehungsgeschichte des Kreuzchens erzähle. Ich glaube, das liegt daran, dass diese Geschichte so sinnbildlich ist. Jemand sieht große Not. Er hat selbst kaum etwas, aber er will der Not nicht einfach nur zuschauen. Er weiß ja nicht, dass ihm diese Bereitschaft einen Lebensunterhalt bis ans Ende seiner Tage einbringen wird. Aus dem »Stückchen chilenischen Himmel«, wie ich das kleine silberne, tiefblaue Kreuzchen immer nenne, ist schon lange ein großes Himmelsfirmament geworden, das sich über uns allen erstreckt.

MEINE EINLADUNG AN DICH:
HOL DEN HIMMEL AUF DIE ERDE

Lass den Schmerz der Schlüssel zu deinem Herzen sein. Aufrichtiges Mitgefühl spürt die Liebe in uns auf. Statt uns als ohnmächtig zu empfinden, können wir aktiv mithelfen und so ein Stück Himmel auf die Erde holen.

Mitfühlen und Schmerz zulassen statt sich abschotten

Wir dürfen uns nicht an den Schmerz gewöhnen, den Kummer und Leid in uns auslösen, und ihn auch nicht abwehren – wir sollten unser Herz nicht verschließen, sondern öffnen. Oft ist Abwehr die erste Reaktion auf eine Krebsdiagnose, einen Unfall oder einen anderen Schicksalsschlag eines Menschen in unserem näheren oder weiteren Umfeld. Es kommen Gedanken wie: »Das könnte ich nicht aushalten«, »Oh mein Gott, zum Glück sind wir das nicht«, »Das ist ja das Schlimmste, was einem passieren kann«. Selbstverständlich sind diese Gedanken erlaubt! Wenn wir es jetzt zulassen, uns hilflos und ohnmächtig zu fühlen, bleibt unser Herz offen, auch wenn es schmerzt.

* Aber geh doch noch einen Schritt weiter und stell dir eine kleine Frage: »Gibt es etwas, das ich in dieser Situation ganz konkret beitragen könnte?«

Hilf mit ganz praktischen Dingen

* Ein Beispiel: Eine Freundin aus Studientagen, die es in eine andere Stadt verschlagen hat und die mittlerweile über 50 Jahre alt ist, wurde von ihrem Mann verlassen. Die Kinder sind groß, nach der langen Familienphase hat sie wenig Berufserfahrung und kaum Chancen auf eine Festanstellung. Ihr Leben ist mühsam und wenig erfreulich geworden. Was könnte deine Aufgabe sein? Am Telefon zuhören, auch nach zwei Monaten noch. Einen

Badezusatz mit einem ansprechenden Duft und eine CD mit der Lieblingsmusik der Freundin in ein Päckchen packen. Im Internet eine schöne Sauna in ihrer Nähe suchen und einen Gutschein für einen Tag dort bestellen.

* Oder jemand, der mit dir im Chor singt, liegt schwer krank in der Klinik. Du kennst diesen Menschen vielleicht gar nicht gut, doch auch er gehört zu deinem Leben. Wie kannst du dem Betroffenen und auch den Angehörigen zu verstehen geben, dass du mitfühlst? Wie ihn unterstützen? Indem du beispielsweise nachfragst, ob du etwas tun kannst. Fahrten ins Krankenhaus erledigen oder abends einen Eintopf vor die Tür stellen. Es sind oft gerade diese ganz praktischen Dinge, die eine enorme Erleichterung darstellen.

Wenn ich mich tief berühren lasse, erwachen meine Kräfte

Ich bin sehr dankbar, dass ich mich nicht an Kummer und Leid gewöhnt habe, obwohl ich sie schon seit so vielen Jahren erlebe. Nicht an Armut, nicht an Elend, nicht an Schmerz habe ich mich gewöhnt. Meine Erfahrung über die Jahre ist im Gegenteil: Wenn ich mich weiter tief berühren lasse, dann werden auch die Kräfte in mir wach, mit denen ich den anderen zu Hilfe kommen und kreativ beistehen kann. Leid und Schmerz haben bei mir eine direkte Verbindung zur *compasión*, wie wir in Chile sagen, zum Mitgefühl. Und dadurch zur Kreativität der Liebe, die aus meiner tiefsten Tiefe kommt. Sie, die Liebe, ist mein eigentliches Sein. Durch die Liebe kann ich meine ganzen Kräfte einsetzen für andere Menschen. Der Schmerz führt mich zur Liebe.

23

Fang einfach an, egal wie ausweglos es scheint

Wenn all die Liebe, die in unseren Herzen wohnt, zusammenfließen würde, was könnte dann wohl diese versammelte Liebe bewirken? Ein Gedanke, den zu Ende zu denken sich lohnt.

Wie häufig versammeln sich hingegen folgende Gedanken: »Es wird immer schlimmer mit unserer Welt, mit der Gesellschaft, aber daran können wir ja nichts ändern.« So denken viele Menschen. Und je nach Thema fügen sie hinzu: »Da müsste(n) sich endlich mal der Staat/die Politik/die Kirchen/die Unternehmer/die Industrie/die Schulen/die Eltern kümmern. Aber die tun ja nichts. Wir können da nichts ausrichten.« Was ein Einzelner tun kann, ist scheinbar so wenig, es würde verdampfen wie ein Tropfen, der auf einem heißen Stein verzischt – und nichts hätte sich geändert.

Eine solche Einstellung hat etwas Lähmendes und verhindert von vornherein, dass wir aktiv, kreativ und zupackend auf eine schwierige Situation reagieren, dass wir überhaupt etwas unternehmen. Aber wissen wir tatsächlich, dass wir nichts erreichen können? Viele Menschen geben auf, bevor sie überhaupt versucht haben, eine Lösung zu finden. Es gibt auch ein afrikanisches Sprichwort mit dem Bild von einem Tropfen. Nur ist das kein Tropfen, der verzischt: »Ein Tropfen ist der Beginn eines langen, schönen Regens.«

»Bei Gott ist so viel mehr möglich, als ich mir vorstellen kann. Bei Gott ist alles möglich.«

Ist das nicht beeindruckend, wie sich hier verschiedene Denkweisen und Einstellungen zum Leben in so unterschiedlichen Bildern ausdrücken?! Das ist sehr aufschlussreich. Der Tropfen, der verdampft, kann nichts bewirken – so sieht man es im Westen mit seiner Betonung des Individuums. Die Afrikaner leben und denken viel mehr im Kollektiv. Sie wissen und vertrauen darauf: Ein Tropfen fällt doch nicht allein vom Himmel! Da, wo ein Tropfen fällt, muss eine Wolke sein, und sei sie noch so klein. Woher sollte denn sonst das Wasser kommen? Es kann gar nicht sein, dass nur ein einziger Tropfen vom Himmel fällt.

Die Liebe – ein unerschöpflicher Quell

Liebe fällt zwar nicht wie Wasser vom Himmel. Aber da, wo ein Tropfen Liebe fließt, ist immer ein ganzes Reservoir davon vorhanden. Jeder von uns trägt die Fähigkeit zur Liebe in sich, jeder ist an dieses Reservoir angeschlossen. Ein anderes afrikanisches Sprichwort sagt: »Die Liebe ist ein leichter Regen, der sanft herabrieselt, aber dennoch die Flüsse über die Ufer treten lässt.«
Wenn sich viele Menschen in Liebe zusammentun, können sie Berge versetzen und in einer schier ausweglosen Situation den Weg über den Abgrund finden.

Eine Familie
kann wohnen bleiben –
wider jede Erwartung

Schon lange beteten wir in Chile mit: um Heilung für Thomas, der in Deutschland lebte. Er war ein Bekannter unserer ehemaligen freiwilligen Helferin Mirjam, die auch nach ihrer Zeit bei uns in engem Kontakt mit uns geblieben ist.

Wenn alles zusammenbricht

Irgendwann hatte sie mir eine verzweifelte E-Mail geschrieben. Sie bat mich, die Familie ihres Bekannten Thomas, zu der seine Frau Anna und die beiden Söhne Manuel und Leon gehörten, in mein Gebet mit einzuschließen. Die Ärzte hatten Thomas die Diagnose Hirntumor gestellt und machten ihm schonungslos klar, dass er bald sterben werde. Das war in mehrfacher Hinsicht eine Katastrophe für die Familie. Obendrein konnte Thomas, der mit der Diagnose einer tödlichen Krankheit fertigwerden musste, nur bedingt auf die praktische Unterstützung durch seine Frau Anna zählen, denn die steckte selbst mitten in einer Chemotherapie-Phase.

Aber das war noch nicht alles. Anna hatte schon seit der Geburt des Ältesten, also seit fünfzehn Jahren, ihren Beruf nicht mehr ausgeübt, sondern sich ausschließlich um die Kinder gekümmert. Das Geld hatte Thomas verdient. Zusammen hatten sie ein altes Häuschen gekauft, das Thomas nach und nach instand gesetzt hatte. Auf dem Haus lastete eine Hypothek und es war noch viel daran zu machen.

Allen war klar: In dem Moment, in dem Thomas starb, stand die Familie vor einer Privatinsolvenz. Thomas hatte zwar vor einiger Zeit eine Lebensversicherung abschließen wollen, um die Familie abzusichern, doch das war wegen einer früheren Erkrankung nicht möglich gewesen. So kämpfte Thomas um sein Leben und versuchte, der Krankheit einen um den anderen Tag abzutrotzen.

Ein paar Wochen nach Mirjams erster E-Mail musste ich nach Deutschland reisen. Es fügte sich, dass ich Mirjam ins Krankenhaus begleiten konnte, um Thomas zu besuchen. Thomas war einigermaßen gefasst, was sein eigenes Schicksal anging. Aber er machte sich solche Sorgen um seine Familie! Ich sprach ihm Mut zu und gab ihm eines unserer kleinen Blumenkreuzchen, ein Stückchen chilenischen Himmel (mehr dazu in der Geschichte von Nelson, Seite 18), das ich für ihn mitgebracht hatte. Und ich erzählte ihm, dass Gott mir im intensiven Gebet für Thomas Worte ins Herz gelegt hatte.

Thomas war nicht gläubig und ich wollte ihm nicht zu nahe treten. Doch er wollte die Botschaft hören und so gab ich sie weiter: »Es wird viel, viel Liebe da sein.« Und ich ergänzte: »Gott liebt dich sehr.« »Heißt das etwa, ich werde doch gesund werden?«, fragte er. »Das weiß ich nicht, das kann ich nicht sagen. Aber du wirst in der Liebe wohnen. Auf jeder Seite vom Himmel, so viel ist sicher.« Thomas erwiderte meinen Blick und entspannte sich. Was aber sollte nur aus seiner kleinen Familie werden?

Mirjams erster, mutiger Schritt

Im Mai hatte ich Thomas besucht. Zu Beginn des Herbstes rief Mirjam an. Sie weinte. Thomas war gestorben, bis zuletzt im Kreis seiner Familie gepflegt. Seine Frau war bei ihm gewesen, als er ging. »Karoline, es ist so viel Liebe hier. Thomas ist so unendlich geliebt gestorben.« Mirjam erzählte, dass sie Thomas versprochen habe, ein

Jahr lang das Geld für die Monatsraten aufzutreiben und so für seine Frau und die Kinder das Haus zu halten, was auch immer sei.

»Wie willst du das machen?«

»Ach, Karoline, das weiß ich noch nicht. Ich habe ein neues Konto eingerichtet und einen Dauerauftrag gleich mit. Zwei andere Familien, ein Bruder von Thomas und ein Freund, beteiligen sich auch, sodass drei Parteien jetzt regelmäßig Geld überweisen. Damit schaffen wir knapp die Hälfte der Kreditrate für das Haus. Den Rest müssen wir sehen.«

Auf der Trauerfeier hatte Mirjam kurz das Wort ergriffen und auf das Spendenkonto und die Möglichkeit zu spenden hingewiesen.

»Als ich da stand, Karoline, konnte ich geradezu körperlich spüren, wie viel Mitgefühl und Hilfsbereitschaft im Raum waren, die Menschen waren ergriffen von so viel Not, weißt du, sie wollten helfen! Als ich von dem Konto erzählte, war sogar fast so etwas wie Erleichterung darüber da, dass es einen Ort für die Hilfsbereitschaft gab.«

Das alles half die ersten beiden Monate. Dann kam die Vorweihnachtszeit, und als ich Mirjam das nächste Mal sprach, sprühte sie vor Freude. »Karoline, stell dir vor, was passiert ist. Wir haben doch ein Konzert organisiert in unserer Kirche, ›Kultur ohne Eintritt‹. Dieses Mal waren besondere Künstler da – und einer von ihnen hat eine professionelle Aufnahme veranlasst und uns Veranstaltern geschenkt. Als ich diesen Mitschnitt das erste Mal gehört habe, hatte ich eine Idee: Ich wollte ihn zu Weihnachten weiter verschenken, an möglichst viele Menschen. Und wem diese besondere CD eine Spende wert war, den wollte ich auf unser Spendenkonto verweisen. Mehr als 300 CDs habe ich verschickt oder in Arztpraxen und Pfarrgemeinden ausgelegt.«

Fast 10 000 Euro waren so auf dem Spendenkonto eingegangen! Damit war fürs Erste die Not abgewendet.

Das Haus sollte nun eigentlich verkauft werden. Aber der Marktwert war geringer als die Hypothek – die Familie hätte selbst bei einem Verkauf noch weiter Schulden gehabt. Obwohl das Häuschen klein und denkbar ungünstig geschnitten war, dachte Anna jetzt über Untermieter nach. Wenn sie alle auf das Wohnzimmer verzichteten?

Eine glückliche Fügung

Dann tat sich eine Möglichkeit auf, mit der niemand gerechnet hatte. Einer alleinstehenden älteren Tante von Anna, die viele Hundert Kilometer weit weg wohnte, wurde nach über dreißig Jahren die Wohnung gekündigt, und der neue Vermieter machte keinen Hehl daraus, dass er für den Fall, dass sie sich sträubte, ungemütlich werden würde.

Die Tante hörte von Annas Untermieterplänen und zog einen Architekten hinzu, der Rat wusste: Im Dach war Platz für einen Umbau. Und auf dem Spendenkonto lag das Geld, und zwar genau das Geld, das für den Umbau gebraucht wurde. Muss ich noch erwähnen, dass die Miete, die die Tante bisher entrichtet hatte, so hoch war wie die Last der Hypothek?!

So war allen geholfen: Anna hatte Unterstützung durch ihre Tante, die schon mal für die Kinder einsprang und leichte Arbeiten im Haushalt mit erledigte. Ihre Tante hatte Gesellschaft und Beistand. Die Jungs blieben in der gewohnten Umgebung und mussten weder die Schule wechseln noch ihre Freunde aufgeben.

»Nie hätte ich mir diese Wendung damals vorstellen können«, staunt Mirjam noch heute, »als ich Thomas das Versprechen gegeben habe, das Haus ein Jahr lang zu halten.«

MEINE EINLADUNG AN DICH:
WAGE DEN ERSTEN SCHRITT

Eine schier ausweglose Situation wird ausweglos bleiben, wenn keiner sich traut, wider alle Vernunft nach einer Lösung zu suchen. Um aber in einer solchen Situation überhaupt einen ersten Schritt zu wagen, obwohl jeder davon überzeugt ist, dass es nichts bringt, dazu braucht es Mut und wenigstens ein Körnchen Vertrauen, dass es einen Weg geben könnte, auch wenn in diesem Moment nicht einmal der Hauch einer Lösung in Sicht ist.

Nimm die Lähmung wahr

* Wenn Menschen denken: »Furchtbar, aber dagegen kann ja niemand was tun«, dann ist der wichtigste Schritt, sich dieser Gedanken erst einmal bewusst zu werden und zu sehen, wie sie bleischwere Gewichte ans Herz hängen, wie viel Lähmung sie mit sich bringen. Es ist eine Lähmung, die vom Herzen in die Hände strahlt und uns bewegungsunfähig macht. Wer das bemerkt, hat schon viel gewonnen.
* Dann stell dir die Frage: Ist da nicht doch ein Funken Vertrauen, gerade genug, um mich nicht der Lähmung zu ergeben?

Such dir Verbündete

Wenn du dich auf diese Frage einlässt und irgendwie anfängst, dann reicht das oft schon, um den Blick zu weiten – und plötzlich siehst du Verbündete.

* Einfach anfangen kann heißen, jemandem von der eigenen Not zu erzählen. Wie jene Mutter, die einmal durch ihr etwas abwesendes Gesicht auffiel. Auf die Frage: »Ist was?« antwortete sie nicht automatisch mit »Nein, alles gut!«. Sie sagte, sie habe gerade eine Absage vom Bafög-Amt bekommen und auf

einmal hätten sich alle Pläne zerschlagen, mit einem Fernstudium doch noch den Traumberuf erlernen zu können. Sie wollte das Studium neben der Erziehung ihres heiß geliebten Kindes absolvieren, das sie allein großzog. Da antwortete die andere Mutter: »Bitte erlauben Sie, dass ich einem Bekannten von Ihrer Situation erzählen darf.« Sie wusste von jemandem, der gelegentlich Privatkredite mit minimalen Zinsen als Investition in die Gemeinschaft vergab. Bei der Bachelor-Feier Jahre später sagte die alleinerziehende Mutter zu ihrer mittlerweile vertrauten Freundin: »Damals, als du mich angesprochen hast, da ist für mich richtig der Himmel aufgegangen.«

Biete Hilfe an

* Anfangen kann auch heißen, dem Nachbarjungen Nachhilfe anzubieten, obwohl rein gar nichts danach aussieht, dass er die Versetzung noch packen kann, weil er schon seit Weihnachten keine Vokabeln mehr gelernt hat. Und plötzlich lernt er doch – für dich, weil er so gerührt ist von deinem Angebot.
Ob der Himmel aufgeht, wenn du anfängst, das findest du nur heraus, wenn du es tatsächlich tust.

Mit Gottes Hilfe ist auch das Unmögliche möglich, das weiß ich

In unserer klitzekleinen Kapelle liegt ein Kreuz mit dem Torso eines Christuskörpers auf dem Boden. Den packe ich oft ein und nehme ihn mit. Denn er ist für mich so sinnbildlich für das, was Gott kann – und was nicht. Gott kann alles. Aber er hat keine Arme. Er braucht schon uns, ganz konkret jeden von uns.

Hilf nicht nur, sondern lass dir auch helfen

Eine Welt, in der einem eine helfende Hand gern zur Seite steht, wenn man allein nicht weiterkommt – das wäre eine schöne Welt! Sei es nur, dass man den Koffer nicht allein die Treppe hochtragen muss oder dass man am Ende des Geburtstagsfests froh ist, wenn jemand noch schnell beim Aufräumen mit anpackt.

Sich helfen lassen – eine Kunst

Aber man muss sich auch helfen lassen können! Hilfe bei solchen alltäglichen Handgriffen können die meisten Menschen gut annehmen. Aber wenn es um persönliche Angelegenheiten geht, ist das viel schwieriger. Denn dann muss man die Karten auf den Tisch legen und beispielsweise die Angst von der drohenden Arbeitslosigkeit oder Schwierigkeiten mit den pubertierenden Kindern oder den kranken Eltern oder dem Loch in der Familienkasse zugeben. Man zeigt sich von seiner verletzlichen Seite.

Das bringt Ängste mit sich: beispielsweise angreifbar zu sein. Oder minderwertig, weil man Hilfe nötig hat. Und das heißt im Umkehrschluss: Derjenige, der helfen kann, ist auch der Stärkere. Wer Hilfe braucht, sieht sich nicht selten als schwach an und fürchtet, es könne ihm später vorgeworfen werden. Hilfe kann für manche Menschen sogar eine Demütigung bedeuten. So ist es jedenfalls für viele, die etwa Sozialhilfe benötigen, denn sie sehen sich mit Vorurteilen konfrontiert wie: »Die haben es leicht. Sie liegen auf der faulen Haut und lassen sich von uns Steuerzahlern versorgen.«

Der Wunsch nach Unabhängigkeit

Manchmal gestehen wir anderen eher Hilfe zu als uns selbst. Da spielt Stolz mit und der Wunsch nach Unabhängigkeit. Wir haben Angst, uns schwach und verletzlich zu zeigen, bedeute, abhängig zu werden. Oder wir glauben, dass wir der Hilfe nicht wert sind. Doch wenn wir unsere Wünsche und Bedürfnisse hinter die von allen anderen stellen, dann nehmen wir uns auch von der Liebe aus. In diesem Buch geht es um liebevolle Gebote, mithin um Liebe. Aber weshalb sollte diese Liebe nur die anderen im Blick haben, weshalb nur suchen, wo sie anderen helfen kann? Wir sollten uns nicht von der Liebe ausnehmen und keine Angst vor der fürsorgenden Tat anderer haben. Nur so kann die Liebe den Weg in das Herz derer finden, die sich eigentlich doch so sehr wünschen, dass ihnen auch einmal geholfen wird, unspektakulär, einfach und liebevoll.

»Die Liebe, soll sie sich verströmen, darf keine Unterschiede machen, wem sie gelten darf und wem nicht. Die anderen dürfen Hilfe empfangen, aber ich darf das nicht – das funktioniert nicht, das verstößt gegen das Grundgesetz der Liebe.«

Ausgerechnet
ein Geheimdienstler
hilft mir

Es war so weit. Wir, fünf Frauen, fuhren mit einem kleinen, klappri-
gen VW Passat gen Süden in Urlaub. Vierzehn Tage lagen vor uns.
Die Geschichte trug sich noch in der Zeit der Diktatur zu. Wir
unternahmen den Urlaub für Denise, die stellvertretende Leiterin
unseres Kindergartens. Sie war gerade aus dem Gefängnis entlassen
worden. »Staatsfeindlich« hatte die Anklage gelautet. Nach vier Monaten Gefangenschaft wollten wir Denise aufbauen.
So brachen wir lustig in den Süden auf. Eine lange Reise lag vor uns.
Zu Beginn war die Straße gut, doch das änderte sich jäh. Am späten
Nachmittag platzte erst ein Reifen und dann gleich noch einer. Wir
standen zu fünft auf der Straße. Die geplatzten Reifen montierten
wir ab, den Ersatzreifen auf. Aber einer allein reichte nun mal nicht.
Die Nacht brach herein. Wir waren auf Hilfe angewiesen. Nicht dass
ich mir gern helfen lassen würde! Immer schaue ich zuerst, was ich
selber tun kann. Die Tatsache, dass ich Hilfe brauchte, bereitete mir
kein angenehmes Gefühl. Ganz im Gegenteil. Aber es gab keine
andere Lösung. An dieser Stelle war die Straße schlecht, und sie blieb
es auch für die nächsten zwölf bis fünfzehn Kilometer! Sie führte
durch unbewohntes Gebiet, erst danach gab es wieder Ansiedlungen.
Schließlich gelang es mir, einen Autofahrer anzuhalten. Und tatsächlich: Er wollte uns helfen. Wir packten die beiden Reifen in sein
Auto, ich kletterte mit ins Auto, und zusammen machten wir uns

auf den Weg zu einer Werkstatt. Die normale Arbeitszeit war schon längst vorbei, und natürlich gab es nirgendwo so etwas wie einen Notdienst. Doch schließlich fanden wir jemanden, der bereit war, sich unserer Reifen anzunehmen.

Ein geduldiger Helfer

Der Fahrer legte eine erstaunliche Geduld an den Tag, was anzunehmen mir schwerfiel. Er hatte sicher schon zwei Stunden für uns geopfert. Dabei musste er doch sein eigenes Ziel verfolgen. Es war gegen zehn Uhr abends, als die Reifen endlich fertig waren.
Auf der Rückfahrt kamen wir ins Gespräch. Er fragte, was wir arbeiteten, und ich sprach kurz über das, was wir machten. Ich erzählte damals von unserem Dienst in den Armenvierteln immer sehr vorsichtig, weil die Arbeit in den Siedlungen als Widerstand gegen die Diktatur, gegen dieses Schreckensregime, betrachtet wurde. Das aber war lebensgefährlich. Gefängnis, Folter und Tod drohten Menschen, die sich offen widersetzten. Der Geheimdienst war unberechenbar. Hinter jedem Menschen im Land, der nicht mit dem Regime einverstanden war, sah man einen Kommunisten, jede Kritik war verdächtig und konnte zu sofortiger Verhaftung, zu Verhören und Folter führen.
Als wir über die Situation im Lande redeten, merkte ich, dass dies dem Fahrer irgendwie unangenehm war. Das fiel mir auf, aber ich konnte es nicht richtig einordnen. Vorsichtig war ich sowieso immer. Gleichwohl fühlte ich mich beschenkt durch die Begegnung mit ihm. Geld wollte er nicht annehmen, und so blieb mir nur, ihm dafür zu danken, dass er uns gedient hatte. Und er zeigte sich noch weiter für uns verantwortlich. In der Werkstatt waren wir gewarnt worden, dass wir mit diesen Reifen sehr vorsichtig sein sollten – sie seien zwar geflickt, aber wenig belastbar und die Straße sei sehr schlecht.

Deswegen fuhr unser Helfer zwölf lange Kilometer hinter uns her, um sicher sein zu können, dass wir die schwierige Passage trotz beschädigter Reifen meisterten.

Danach verabschiedeten wir uns, fuhren weiter und suchten eine Unterkunft. Schon wieder mussten wir um Hilfe bitten: Wir klingelten in einer Schwesternschule, von der ich gehört hatte. Mittlerweile war es schon richtig Nacht geworden. Tatsächlich nahmen uns die Schwestern gern auf und ließen alles stehen und liegen – sie schauten gerade im Fernsehen ein Festival an –, um für uns da zu sein. Schnell wurde uns ein kleines Abendbrot gemacht und ein Nachtlager hergerichtet. Am nächsten Morgen bekamen wir auch noch ein liebevoll zubereitetes üppiges Frühstück. Wieder fühlte ich mich verpflichtet und wieder blieb mir nur der Dank. Die leuchtende Erfahrung kostbarer Gastfreundschaft fühle ich noch heute in meinem Herzen. Und damit zugleich, was es für Menschen bedeutet, so eine Hilfe zu bekommen.

Schlagartige Erkenntnis

Hier könnte die Geschichte zu Ende sein, doch sie war es nicht. Damals gab es fast keine freie Presse. Vielleicht gerade mal fünf Prozent der Presseorgane versuchten, weiter Oppositionsarbeit zu leisten. Wir kannten uns alle und so wusste ich auch von einem Nachrichtendienst, der Informationen über den Geheimdienst in Umlauf brachte. Der Geheimdienst arbeitete ohne Skrupel und verbreitete Angst und Schrecken. Aus reinem Zufall habe ich später, nach der Reise, in diesem Nachrichtendienst eine Warnung entdeckt, dass an dem Tag auf der Strecke, auf der wir reisten, Leute vom Geheimdienst unterwegs gewesen waren.

Schlagartig wurde mir klar: Unser Helfer gehörte zum Geheimdienst! Tatsächlich war er mit einem für den Geheimdienst typischen Auto unterwegs gewesen. Solche Autos sahen etwas anders aus und sie waren besser ausgestattet. Seltsamerweise hatte mein Unterbewusstsein das registriert, denn als ich den Artikel dieses Nachrichtendienstes las, fiel es mir ja wieder ein, aber die Information war zuvor nicht in mein Bewusstsein gedrungen. Nur so hatte ich dem Mann unbefangen gegenübertreten können. Natürlich war ich so vorsichtig gewesen, wie es das Leben in einer Diktatur eben erfordert. Zum Beispiel hatte ich nichts von unserer Mitarbeiterin Denise gesagt und aus welchem Grund wir diese Reise unternahmen. Aber schon allein dadurch, dass ich von unserer Arbeit in einem Elendsviertel in Santiago erzählte, war klar, auf welcher Seite wir standen und dass wir nur zur Opposition gehören konnten, zu den Menschen also, die sich für Gerechtigkeit einsetzten und sich gegen Armut engagierten. Beides war eindeutig dem linken Lager zugeordnet, also gegen die Diktatur gerichtet. Und dagegen ging der Geheimdienst vor.

Es kam, wie es kommen sollte

Ich glaube, mein Unterbewusstsein hat an jenem Tag absichtlich die Information, dass ich ins Auto eines Geheimdienstlers gestiegen war, nicht in mein Bewusstsein gelassen. Nur so konnten wir alle profitieren: Wir Frauen, weil wir die Nacht nicht in der Wildnis verbringen mussten und die schöne Erfahrung machen durften, Hilfe zu erhalten. Und der Mann vom Geheimdienst auch, denn er hat sich wirklich für unsere Arbeit interessiert und wir hatten ein gutes Gespräch, von Herz zu Herz und von Mensch zu Mensch. Es war deutlich zu merken, dass es ihm guttat, uns zu helfen.

MEINE EINLADUNG AN DICH:
LASS DIR LIEBE SCHENKEN

Wer Hilfe braucht und sie annimmt, ohne zu schauen, welche »Gefahr« daraus erwachsen könnte, kann neue Erfahrungen machen und vielleicht sogar einen Freund gewinnen. Hilfe annehmen heißt: Liebe annehmen.

Stolz und Angst vor Peinlichkeit überwinden

Die Nachbarin klingelt an der Haustür. Schnell die Schranktüren in der Küche zugemacht – wenn jemand mitbekäme, wie es darin aussieht, nicht auszudenken! Wenn die Nachbarin feinfühlig ist, fragt sie vielleicht: »Sag mal, hast du was? Du wirkst ein bisschen gestresst.« An dieser Stelle beginnt das Hilfe-Annehmen schon: indem man sich ein Herz fasst und der Nachbarin einen kleinen Blick in die eigene Gemütsverfassung erlaubt: »Ach, ich würde so gern mal die Zeit finden, in den Schränken und Schubladen der Küche zu wischen und auszumisten!« Wer weiß? Vielleicht bietet sie an: »Dabei kann ich dir doch helfen. Dann geht es ganz schnell und ist an einem Vormittag erledigt.« Das kann der Anlass sein, über den eigenen Schatten zu springen, die Hilfe anzunehmen und die Erfahrung zu machen, wie schön es ist, zusammen in der Küche zu werkeln und am Ende noch Zeit für einen Cappuccino zu haben.

* Es ist ein wunderbares Gefühl, eine innere Hürde zu überwinden. Dann können sich Türen öffnen.

Einblick in unsere Schattenseiten

Auch im übertragenen Sinn wollen wir andere ungern einen Blick in unsere unaufgeräumten Küchenschränke werfen lassen. So lassen sich Eltern untereinander oft nicht in die Karten schauen. Die Angst, den anderen, aber auch sich selbst eine Unzulänglichkeit einzugestehen, ist viel zu groß. Doch vielleicht wird sich das Herz der anderen öffnen, wenn ein Vater von dem Kummer berichtet, den ihm sein pubertierender Junge bereitet: indem er die Grenzen der Eltern austestet, das PC-Kennwort des Vaters knackt und die Mutter ständig beleidigt. Wie entlastend ist es da, wenn eine Mutter, deren Kinder als junge Erwachsene fest und fröhlich im Leben stehen, sagt: »Weißt du, bei meinem Nils war das auch so. Uns hat damals geholfen, dass …«

* Was immer uns zustößt – immer gab es andere, die auch damit fertigwerden mussten und die uns sagen können, wie sie die Aufgabe bewältigt haben. Warum nicht davon profitieren und deren Hilfe annehmen?! So kann man den Kummer mindern und mehr Freude und Zuversicht entwickeln.

Wenn ich Hilfe annehme, nehme ich ein Geschenk an

Ich musste selbst daran arbeiten, nicht zu denken: Warte, irgendwann musst du bezahlen! Das habe ich nur nach und nach abgelegt. Diese Reise in den Süden, bei der ich gleich zweimal auf Hilfe angewiesen war, hat mir dabei wieder ein Stückchen geholfen. Gleich zweimal konnte ich die Erfahrung überwältigender Hilfsbereitschaft machen und dabei zwei Dinge feststellen: Erstens werde ich nie vergessen, wie geborgen ich mich gefühlt habe, als Menschen sich ohne große Hintergedanken zur Verfügung gestellt haben in einer Situation, in der ich allein nicht weiterkam. Und zweitens waren die Menschen so glücklich, helfen zu können! Es war für beide Seiten eine Freude.

Heute kann ich Hilfe fast immer als das sehen, was sie in Wirklichkeit ist: ein Geschenk aus Gottes Hand.

Teile, was du hast, und schließe niemanden aus

Mit anderen das zu teilen, was man hat, und dann auch noch ohne dabei Unterschiede zu machen – das ist für viele Menschen eine arge Zumutung. Fast reflexartig tun sie oft das Gegenteil: Sie halten fest, horten und geizen, anstatt miteinander zu teilen. Nicht weil sie geizig sein wollen. Hinter Geiz steckt immer eine Angst – die Angst, dass man selbst und die Liebsten zu kurz kommen und jetzt oder in Zukunft Mangel erfahren.

Teilen ja, aber nicht mit jedem

Daher stellt Teilen in unserer Kultur allenfalls noch einen ideellen Wert dar, doch es wird recht selten praktiziert. Und wenn, dann heißt es eher, etwas vom Überfluss abzugeben, anstatt wirklich zu teilen. Das ist schon bei Kindern so, die hier so viele Dinge besitzen. Und wenn wir denn teilen, dann eher mit denjenigen, die entweder gute Freunde oder Familienmitglieder sind. Mit Menschen zu teilen, die nicht zu diesem engeren Kreis gehören, kommt vielen nicht in den Sinn. Ein echtes Zusammensein entsteht aber genau dadurch, dass es keine Unterschiede, keinen engeren Kreis gibt. Die vielen Versuche, in einer Gruppe zu leben, wurzeln ja genau in dieser Sehnsucht danach, zu einer echten Gemeinschaft zu gehören: etwa in einer Hausgemeinschaft, in der man gegenseitig aufeinander achtet, die Zeit miteinander teilt, manchmal auch gemeinsam kocht oder isst, auf jeden Fall nicht anonym nebeneinanderher lebt.

Die Speisung der Fünftausend

Nur in solch einer echten Gemeinschaft erleben wir die Wunder, die das Teilen uns schenken kann. So wie in der Geschichte der Brotvermehrung, der Speisung der Fünftausend. Jesus wollte damals allen Menschen einen neuen Weg zu einem liebenden Gott zeigen. Einen Weg, der weder Ausgrenzung noch Ungerechtigkeit noch Unterdrückung zulässt. Am Abend, als Jesus gepredigt hatte, ließ er die Jünger alles teilen, was an Essen zu finden war. Es heißt, das seien fünf Brote und zwei Fische gewesen. Und alle fünftausend seien satt geworden.

»Ich habe gelernt, dass immer genug für alle da ist, auch wenn ich und alle etwas weniger zu essen bekommen.«

In diesem Buch geht es um die Kraft der Liebe. Und da zeigt uns die Geschichte: Wo Menschen das Liebesgebot leben, da werden alle satt. Wenn nicht im wörtlichen, dann doch im übertragenen Sinne, das heißt zufrieden, friedlich, glücklich. Wer zufrieden gestimmt ist, der wird an einem Abend kaum vom Hunger überwältigt werden, selbst wenn es nur wenig zu essen gibt. Wer echte Liebe spürt und sich in einer Gemeinschaft bewegt, in der Liebe zwischen den Mitgliedern ge- und erlebt wird, der leidet keinen Mangel.

Eine wundersame Tortenvermehrung macht alle satt und glücklich

Ich war gerade in eine neue Siedlung gezogen, in die Quinta Bella. Der Bischof hatte mich hierhin geschickt. Quinta Bella heißt so viel wie »Schöner Garten«. Welch ein Hohn für die Menschen, die unter unerträglichen Bedingungen in diesem Armenviertel lebten! Schon wenn sie ihre Adresse angeben mussten, wurden sie schief angeschaut, und so etwas tut niemandem gut. Die Bewohner hier hatten viel auszuhalten.

Es war schwer für mich, ihr Vertrauen zu gewinnen. Doch ganz langsam, nach und nach, tat sich eine kleine Gruppe zusammen, zum Gebet, zum Gottesdienst, um der Toten zu gedenken. Und mit der Zeit wurde der Ort auch für andere zu einem Anziehungspunkt, wie ein kleiner Magnet.

Eine Gemeinde erwächst aus Ruinen

Wir arbeiteten viel zusammen: So zäunten wir einen Platz ein, der der zukünftige Ort für die christliche Basisgemeinde werden sollte, entrümpelten die Ruinen, entsorgten den Müll, räumten Schutt und Dreck weg, deckten den ersten sauberen Raum in der Ruine mit Plastikplanen ab und fingen an, ihn herzurichten. Zehn Frauen und Männer hatten sich zu meiner großen Freude bereit erklärt, den Gemeindevorstand zu bilden und die Gemeinde zu organisieren. In diesen Wochen näherte sich zum ersten Mal, seit ich hier wohnte, mein Geburtstag. Die Leute hatten herausgefunden, dass das schönste Geschenk für mich ein gemeinsamer Gottesdienst war. Und so hatten sie zu einem Gottesdienst an meinem Geburtstag geladen. Der plastiküberdachte große Raum war wunderbar vorbereitet. Mir hatten sie einen Ehrenplatz errichtet und ich wurde am Beginn der Feier dorthin geführt, als schon die ersten Lieder gesungen wurden. Von dort aus sah ich hinten ein Mitglied des Gemeindevorstandes mit einer kleinen Torte durchhuschen. Und ich erschrak, denn mir war sofort klar, was das bedeutete: Der Gemeindevorstand hatte eine Feier vorbereitet und wollte hinterher im kleinen Kreis mit mir weiterfeiern.

Aber es waren an die hundert Leute da! Hinterher nur mit den Mitgliedern des Vorstandes zu feiern, das machte mir nicht nur keine Freude – es war auch genau das Gegenteil dessen, was einer Gemeinde hilft zu wachsen: nämlich gemeinsam zu feiern und sich gegenseitig kennenzulernen. Denn die Menschen kannten eher mich, untereinander aber kannten sie sich kaum. Und sie vertrauten einander nicht. Es waren einige dabei, die früher straffällig gewesen waren, und solche, die Drogen verkauft hatten und ausgestiegen waren. Andere hatten geholfen, Schutt wegzufahren. Manche stammten aus meiner alten Siedlung. Auch Mitarbeiter aus unseren Diensten waren gekommen.

Wie das Unmögliche möglich machen?

In diesem Gottesdienst war eine ganz bunte Gesellschaft versammelt. Und ich wollte, dass daraus eine echte Gemeinschaft würde. Die gegenteilige Variante gab es schon an so vielen Orten: Hier ist ein Gemeindevorstand, die Elitetruppe, und da ist das Fußvolk. Und nach dem Gottesdienst begehen »die Wichtigen« ihre eigene Feier. Nein, das wollte ich nicht. So würde nur großer Schaden angerichtet werden. Daher beugte ich mich zwischen zwei Liedern zum Gemeindeleiter. »Könntet ihr mir wohl ein ganz großes Geburtstagsgeschenk machen, Miguel?«

»Aber sicher, *Hermana* (Schwester), was möchtest du denn?«

»Könnten wir die Torte mit allen Menschen teilen?«

Miguel wurde blass. »Aber das ist unmöglich. Das reicht einfach nicht. Und wir haben keine Teller für die vielen, kein gar nichts. Nein, das ist unmöglich.«

»Doch, das ist möglich, und das wäre das allerschönste Geburtstagsgeschenk für mich.«

Miguel wusste nicht, was er machen sollte. Während der Gottesdienst weiterging, sah ich, wie er sich den anderen Mitgliedern vom Gemeindevorstand näherte. Jedes Mal fiel jemandem die Kinnlade herunter, die Augen weiteten sich vor Schreck. Ich durfte gar nicht mehr hinschauen. Immerhin war der Stein ins Rollen gekommen.

Eine absolute Rarität

Am Ende des Gottesdienstes trat Miguel vor die Gemeinde: »Jetzt haben wir miteinander so wunderbar diesen Gottesdienst gefeiert – nun möchten wir euch einladen, zusammen weiterzufeiern.«

Die kleine Torte wurde mit einer Kerze hereingetragen, dazu das Geburtstagsständchen »*Cumpleaños feliz*« gesungen. Die Leute in der Menge sahen dieses Törtchen da, hörten die Einladung und konnten gar nicht verstehen, warum Miguel sagte: »Entschuldigt, dass die Torte so klein geraten ist. Gut, wir feiern miteinander.« Vielleicht muss ich noch eines hinzufügen: Eine Torte war damals eine absolute Seltenheit und für diese Menschen vollkommen unerreichbar. Kaum war die Kerze ausgeblasen, rannte ich hinüber in unser Haus, holte eine Packung Papierservietten und kleine Tabletts. Und dann ging es los. Als Geburtstagskind durfte ich die Torte anschneiden.

Ich teilte winzige Stückchen ab, legte sie vorsichtig auf die Servietten und gab diese auf die Tabletts. Die wurden dann unter den Leuten herumgereicht.

Satt von einem kleinen Stück Torte

Es war nicht zu glauben, aber es reichte für alle! Natürlich konnte man das winzige Stück mit ein, zwei Bissen essen, aber alle, wirklich alle bekamen etwas. Einige, denen zum zweiten Mal angeboten wurde – man konnte nur schwer den Überblick behalten, alle standen durcheinander –, sagten wahrheitsgemäß: »Danke nein, ich hatte schon!« Das war wirklich außergewöhnlich, weil normalerweise alle immer so viel Hunger hatten.

Zwischendurch liefen einige nach Hause, holten eine Gitarre und Liedblätter und es begann ein Singen, Spielen und Tanzen. Einer kam mit einem riesigen mexikanischen Hut, es wurden Reden geschwungen, man erzählte sich Träume, improvisierte Sketche und Witze. Es war eine Feier, die überschwappte vor Kreativität und ansteckender Freude. Jeder trug das Beste bei, was er der Gemeinde zu geben hatte. Ermöglicht hatten diese unvergessliche Feier die Mitglieder des Vorstandes, weil sie auf das eigentlich für sie vorgesehene große Stück Torte verzichtet hatten, das damals schwer wie Gold wog.

Als wir am Ende gemeinsam ein Lied zum Dank sangen, hatte jeder das Gefühl, ein riesiges Stück Torte gegessen zu haben. Alle gingen so satt nach Hause – das erzählten sie noch Jahre später –, als hätten sie den Bauch voller Kuchen. Danach wurde bei sämtlichen Feiern ohne Ausnahme von Anfang an von dem, was es gab, für alle etwas bereitgestellt. Alle trugen die Erfahrung in der Erinnerung und im Herzen, wie eine kleine Torte einmal hundert Menschen satt gemacht hatte. Und glücklich noch dazu!

MEINE EINLADUNG AN DICH:
ENTDECKE DIE FREUDE ECHTEN TEILENS

Es ist eine wunderbare Erfahrung, zu einer echten Gemeinschaft zu gehören – so wie die Menschen in der Gemeinde an diesem Abend. Vielleicht hast du diese Erfahrung schon einmal selbst gemacht, und wenn nicht, dann kannst du sie noch machen. Dazu gibt es viel mehr Gelegenheiten, als du es vielleicht für möglich hältst.

Die Angst überwinden, selbst zu kurz zu kommen

Wer hortet oder gar geizt, hat immer einen schmerzlichen Mangel erfahren. Das wissen alle älteren Menschen, die noch die Kriegs- und Nachkriegszeit erlebt haben, ebenso wie die, die als Kinder oder auch später emotionalen Mangel erlitten haben. Und deswegen horten sie – gleich ob Schokolade, schöne Dinge, schnelle Autos oder was auch immer.

Mögen die Wurzeln für dieses weitverbreitete Verhalten auch individuell ganz verschieden sein, immer ist etwas im Herzen nicht verarbeitet. Das gilt für alle.

Nehmen wir an, dass du bei einem Open-Air-Konzert, für das es keine Platzkarten braucht, einen schönen Platz erwischt hast. Und auf einmal kommt jemand und will sich dazusetzen. Der erste Impuls ist vielleicht: Dann habe ich selbst nicht mehr genug Platz. Oder: Den wollte ich doch freihalten. Du kannst natürlich stur bleiben, geradeaus schauen und auf die Bitten nicht eingehen. Vielleicht hast du dann weiter einen komfortablen Sitz und einen guten Blick und deine Begleitung ebenfalls – wenngleich möglicherweise ein ungutes Gefühl im Bauch zurückbleibt.

* Du kannst aber auch freundlich sagen: »Ich erwarte noch jemanden, lassen Sie uns doch schauen, wie wir alle drei hier gut sitzen können.« Garantiert wird es so ein schönerer Abend!

* Wer anfangen will, das Gefühl des Mangels zu überwinden, der wird einer Angst in sich begegnen. Der Angst, das Nachsehen zu haben. Diese Angst muss man erst einmal erkennen.

Kreativ Wege finden, niemanden auszugrenzen

Wenn große Feste gefeiert werden, glauben viele Menschen, sie müssten den Gästen etwas ganz Besonderes bieten, können sich das aber eigentlich nur für wenige Gäste erlauben. Für die anderen gibt es dann einen kleinen Sekt-Stehempfang und sie müssen nach einer halben Stunde wieder nach Hause gehen. Wie schade! Ist es nicht schöner, gerade die großen Feste mit den Menschen zu verbringen, die im Leben auch wirklich vorkommen?!

* Wenn du das ausprobieren willst, hilft ein bisschen Kreativität. Zum Beispiel kannst du einen Ort auswählen, an dem es erlaubt ist, eigene Speisen mitzubringen. Wer von deinen Freunden würde sich gern mit einer edlen Nachspeise am Büfett beteiligen? Und sprich die Menschen an, mit denen du vertraut bist, ob sie beim Ausschenken nicht abwechselnd mithelfen können. So ist es nicht so teuer und es wird womöglich viel stimmungsvoller, als wenn es vom Partyservice komplett durchgeplant ist.

Eine biblische Geschichte lebt in den Herzen der Menschen

Wir hatten mit der Geburtstagsfeier in der neuen Gemeinde eine neue Erfahrung gemacht. Hier brauchte es, wenn in der Predigt die Geschichte von der Brotvermehrung vorgesehen war, keine Auslegung mehr. Die Menschen lächelten nur, rieben sich die Bäuche und sagten: »Erinnert ihr euch? Die kleine Torte – für hundert Menschen hat sie gereicht!«

Entdecke, wofür du dankbar sein kannst

Wir alle haben Zähne im Mund. Das ist eine Selbstverständlichkeit, mit der wir leben. Doch wir erinnern uns in der Regel nur an unsere Zähne, wenn sie schmerzen. Dann allerdings können wir kaum einen anderen Gedanken fassen, bis die Schmerzen endlich wieder nachlassen.

So wie mit den Zähnen geht es uns mit den allermeisten Dingen: Die Wohnung, in der wir leben, das Essen, das wir jeden Tag auf dem Tisch haben, die Bahn oder das Auto, die uns zur Arbeit bringen – all das nehmen wir für selbstverständlich. Es sei denn, die Bahn streikt, das Auto hat eine Panne, die Kosten für Nahrungsmittel steigen rapide oder die Wohnung wird gekündigt. Es ist eine Grundkonstante, dass wir die Dinge, die in unserem Leben gut laufen, kaum wahrnehmen, geschweige denn aktiv wertschätzen. Erst wenn wir etwas verlieren – die Gesundheit, eine Beziehung oder auch nur unsere gute Laune –, wird uns klar, was wir da eigentlich für einen Schatz hatten.

Was wahre Lebensqualität ausmacht

Mit dieser Angewohnheit, den Blick auf die negativen Dinge und Ereignisse zu richten, tun wir uns keinen Gefallen. Im Gegenteil – wir bringen uns um ein großes Stück Lebensqualität!

Jemand, der die selbstverständlich scheinenden, aber keineswegs selbstverständlichen Dinge in seinem Leben wertschätzt, lebt in einem Gefühl tiefer Freude. Und gar nicht so selten sind es ganz kleine Dinge, die Dankbarkeit und Freude hervorrufen.

»Wenn eure Augen in Dankbarkeit auf das schauen, was euch gegeben ist, dann wird ganz automatisch die Freude in eure Herzen einziehen. Dankbarkeit und Freude sind Zwillingsschwestern – die eine bringt immer die andere mit sich.«

Es ist so einfach, diese Freude in das eigene Leben zu holen: Alles, was wir tun müssen, ist, uns in einer kleinen, zunächst vielleicht altmodisch wirkenden Tugend zu üben, uns nämlich die Frage zu stellen: Wofür kann ich dankbar sein?

Im ersten Moment mögen manche auf diese Frage befremdet reagieren. Aber tatsächlich hat jeder etwas, wofür er dankbar sein kann. Sagen wir, du hast diese Nacht gut geschlafen, und wenn nicht, dann ist es möglicherweise so, dass du heute keinen wichtigen Termin hast, für den du nach der kurzen Nacht nicht fit genug wärst. Und falls du doch einen Termin hast – dann bist du ihm vielleicht trotz deiner Müdigkeit gewachsen. Das wären jetzt schon drei gute Gründe für einen freudigen Moment der Dankbarkeit! Und jeder Moment der Dankbarkeit wird die Freude tiefer und größer machen. So lange, bis sich kräftige Fäden der Freude in dein Leben gewoben und es für immer verändert haben.

Wie im Wartezimmer des Landarztes plötzlich die Sonne aufgeht

Die Unterhaltung zwischen mir und Lisa, um die es in der folgenden Geschichte geht, hat sich vor ein paar Jahren zugetragen. Zu der Zeit war gerade die Praxisgebühr in Deutschland eingeführt worden.
Lisa hatte mich bei einer Veranstaltung in Deutschland aufgesucht. Sie kannte unsere Arbeit in den Armenvierteln gut. Ein Jahr zuvor war sie bei uns in Santiago gewesen. Einen Tag lang hatte sie mich begleitet und ich hatte ihr einiges gezeigt. Wir spielten im Hof eines Kindergartens mit den Kindern, und in der Berufsschule führte ein Mitarbeiter Lisa durch die Hallen mit den Gewerken. Als ich im Gesundheitszentrum Dinge zu besprechen hatte, streifte Lisa durch die Gänge, machte sich mit den verschiedenen Diensten vertraut, sprach mit Ärzten und Schwestern, soweit deren Arbeit das zuließ, und konnte im hellen Innenhof die in den Armenvierteln so seltenen Schatten spendenden Bäume genießen.
Auf den Wegen zwischen den Stationen hatten wir Gelegenheit, viele von Lisas Fragen zu beantworten, die sich aus den Besuchen in den einzelnen Einrichtungen ergaben. Sie staunte, wie viele Menschen winkten, mich mit »*Hola Hermana!*« oder »*Hola Madre!*« begrüßten – mal mit Schwester, mal mit Mutter – und sich ihr dabei freundlich vorstellten. Beim Einkauf für das Abendessen kam ein mir unbekannter Obdachloser zu uns, zeigte auf Lisas Handy und bat darum, dass sie ein Foto von ihm und mir machte. Lisa erfüllte diese

Bitte und wunderte sich: »Niemals werde ich ihm das Foto schicken
können …«

»Ich glaube, er wollte einfach einen Moment mit uns verbringen,
einen Moment der Freude.«

Es war ein schöner Tag gewesen und unser Leben hatte sich Lisa auf
eine natürliche Weise so offenbart, wie es in Wirklichkeit auch ist.
Jetzt saß Lisa in Deutschland vor mir und sagte: »Ach, Karoline,
seitdem ich bei dir war, schaue ich unsere Welt mit anderen Augen
an. Manchmal macht es mich so wütend, was ich sehe und höre, dass
ich nicht an mich halten kann.«

Ich kannte Lisa ein wenig – cholerisch wirkte sie nun nicht gerade.
»Wütend? Was macht dich denn so wütend?«, fragte ich nach.

Grund, sich zu beklagen?

»Lass mich dir ein Beispiel erzählen. Mein kleiner Sohn Jonas war
krank und ich bin mit ihm vormittags zum Arzt gegangen anstatt
zur Arbeit. Du weißt ja, wir wohnen auf dem Land. Wir haben einen
sehr fähigen Arzt für Allgemeinmedizin, da gehen wir alle hin, auch
die Kinder. In der Regel brauche ich wegen der Kinder gar nicht den
Kinderarzt aufzusuchen, unser Hausarzt kann das sehr gut.

So saß ich also mit Jonas im Wartezimmer. Es ist eine alteingesesse-
ne Praxis, die Menschen kommen schon seit Generationen dorthin.
Der Vater des jetzigen Arztes war ein Landarzt im besten Sinn.
An dem Vormittag war das Wartezimmer voll und es dauerte
ziemlich lange. Die Menschen waren missmutig, sie schimpften
und jammerten. Am meisten darüber, dass sie nun auch noch eine
Praxisgebühr bezahlen sollten, wo doch alles sowieso schon so teuer
sei. Karoline, das sind zehn Euro im Vierteljahr, mehr nicht! Und
überhaupt werde uns alles vorenthalten, wenn man nicht gerade ein
Privatpatient sei, und so weiter und so fort. Und als sie damit durch

waren, ging es darum, wie lange man immer bei diesem Arzt warten müsse. Es sei aber auch zu furchtbar.« Lisa verdrehte die Augen.

Die Welt in düsteren Farben

»Nun, das mit den Privatpatienten ist so falsch nicht – einige Privilegien haben Privatversicherte in Deutschland leider schon«, ergriff ich Partei für die nörgelnden Menschen im Wartezimmer.

»Ja, aber darum ging es mir nicht. Ich saß da und merkte, dass die Welt immer grauer wurde. Es war schwer, sich gegen dieses Dauergeschimpfe innerlich zu behaupten. Weißt du, mir ging es gut. Ich war nicht sehr in Sorge um Jonas, er hatte Fieber, das wollte ich abklären lassen, weil er immer so leicht eine Mittelohrentzündung bekommt, aber ich sorgte mich nicht, dass er ernstlich krank war.

Doch je länger ich da saß, desto düsterer wurde die Welt. Schlecht und schlimm, ein furchtbarer Ort musste das sein, an dem wir da waren. Ich merkte, wie sich in mir der Zorn zusammenballte. Was machten diese zumeist älteren Herrschaften denn da? Wie dunkel redeten sie sich die Welt?!«

»Und was hast du gemacht?«

»Ach, ich bin auf einmal explodiert. Und habe dann selbst geschimpft wie ein Rohrspatz. Ich glaube, ich bin richtig laut geworden.«

»Du? Laut geworden? Was hast du denn gesagt?«

»Na, einfach die Wahrheit: ›Wissen Sie eigentlich, wie gut wir es hier haben? Ich sitze hier mit meinem Kleinen. Bei der Arbeit bin ich heute entschuldigt, weil mein Kind krank ist. Geld bekomme ich trotzdem. Und wenn mit dem Kleinen etwas Ernsthaftes sein sollte – dann wird er von hier noch ins Krankenhaus überwiesen. Bezahlen muss ich dafür gar nichts. Falls das Kind ganz lange krank ist und ich darüber meine Arbeit verlieren sollte, dann bekomme ich Arbeitslosengeld.

Wissen Sie, ich war gerade in den Armenvierteln in Chile. Wenn mein Kind da krank würde, dann hätten wir keine Krankenversicherung. Ich wüsste nicht, wovon ich den Arzt bezahlen sollte. Wenn es länger krank wäre und ich würde die Arbeit verlieren, dann hätte ich gar nichts mehr, wovon wir leben könnten. Wir haben hier Krankenversicherung, Arbeitslosenversicherung, Grundsicherung. Das Schlimmste, was uns passiert, ist doch, dass wir Zuzahlungen zu den Medikamenten leisten müssen, die wir brauchen!

Und wenn ich schon mal dabei bin: Wir sitzen hier nur deswegen so lange und warten, weil wir einen wunderbaren Arzt haben! Der sich für jeden von uns genau die Zeit nimmt, die er braucht. Wenn wir dran sind und wir benötigen ein längeres Gespräch, dann bekommen wir das auch!‹

Uff. So was hatte ich noch nie gemacht, Karoline. Ich war über mich selbst überrascht, aber ich konnte dieses alles einschwärzende Gerede nicht mehr aushalten. Weißt du, was dann passiert ist?«

»Ich kann es schon ahnen«, erwiderte ich lächelnd, »aber bitte, erzähle du es mir.«

»Es gab eine betretene Stille für eine vielleicht kurze, vielleicht lange Weile. Ich habe keine Ahnung. Aber dann brach eine ältere Dame das Eis, als sie sagte: ›Sie haben recht. Eigentlich haben wir alles. Eigentlich geht es uns gut hier. Man vergisst das immer so schnell.‹ Auf einmal verwandelte sich die Atmosphäre. Die Menschen waren erst nachdenklich. Aber dann entstand ein neues Gespräch. Sie waren interessiert, von meinen Erfahrungen in Chile zu hören. Ich habe von dir und eurer Arbeit erzählt. Es gab ganz viele Nachfragen und Staunen. Die Patientin, die direkt neben mir saß, wandte sich Jonas zu, fragte, wie es ihm gehe, und fing an, dem Kind etwas zu erzählen. Weißt du, Karoline, draußen war immer noch ein grau verhangener Tag. Aber drinnen bei uns war die Sonne aufgegangen.«

MEINE EINLADUNG AN DICH:
NIMM DIE GESCHENKE DES LEBENS WAHR

In Mitteleuropa leben wir mit ungeheuer vielen Privilegien, die für uns so selbstverständlich sind, dass wir uns ihrer gar nicht mehr bewusst sind und also auch gar nicht dankbar dafür sein können.

Welche Geschenke hat dir das Leben heute gemacht?

Eine Einladung von guten Freunden zum Abendessen, die Nachbarin, die mit einer Flasche Federweißem vor der Tür steht – es gibt so viele überraschende Momente. Und jeder ist ein kleines Geschenk. Manchmal sind es ganz unscheinbare Dinge wie das freundliche Lächeln eines unbekannten Menschen auf der Straße.

* Wenn du mehr Freude in deinem Leben haben willst, dann suche nach diesen kleinen Geschenken. Bedanke dich bei den Menschen, die dir diese Freude bereiten – und beim Leben selbst.

Man kann auch dankbar sein, dass man nicht leiden muss

Es gibt noch einen anderen Weg, sich in Dankbarkeit zu üben. Wenn du beispielsweise hörst, dass der Kollege auf dem Weg zur Arbeit vom Rad gestürzt ist und jetzt im Krankenhaus liegt, dann gilt ihm sicher dein Mitgefühl und deine Genesungswünsche werden ihn begleiten.

* Anschließend kannst du dich einen Moment über deine beiden gesunden Beine freuen und darüber, dass du deine Arbeit erledigen kannst. Es ist ein hohes Gut, gesund zu sein und die Aufgaben, die der Alltag mit sich bringt, erfüllen zu können.

Schon mit Kindern kann man Danken üben

Unsere Kinder wachsen im materiellen Überfluss auf. Das kann und darf man ihnen nicht vorwerfen. Aber die Eltern können schon den

Blick der Kinder dafür schulen, dass der Reichtum, den sie vorfinden, nicht selbstverständlich ist.

* Das geht ganz leicht: Schau abends den Tag mit deinem Kind noch mal an, lass es erzählen, was gut war und was nicht so gut, dann soll das Kind drei Dinge finden, für die es Danke sagen kann, zum Beispiel: Die Sonne hat geschienen, in der Pause hat die Freundin mit mir gespielt und zum Abendessen gab es Pfannkuchen.

* Natürlich nehmen die Kinder dieses Ritual ernster, wenn du auch drei Dinge findest, die dir den Tag verschönt haben.

Jeden Tag wird mir aus Gottes Hand Gutes geschenkt

Meine Familie hat mich gelehrt, jeden Tag als Geschenk aus Gottes Hand anzunehmen. Jeden Morgen wach zu werden und für den neuen Tag zu danken, das neu erwachte Leben mit Freude einzuatmen.

Ich glaube, dass wir alle einen Anstoß brauchen, um das Gute zu entdecken, das uns jeden Tag neu geschenkt wird. Die blauen Flecken, die wir uns immer wieder einhandeln, nehmen wir viel intensiver wahr. Das Entdecken der Geschenke des Tages, der schönen Dinge, also der Liebe, die uns beständig entgegenfließt, das fällt uns im Allgemeinen schwer. Ich beobachte eine Art Lebensangst dahinter, wenn Menschen das Leben als hart empfinden und auch noch meinen, das müsse eben so sein, das habe so seine Richtigkeit, so sei es nun mal, das Leben. Anstatt zu denken: Das Leben ist ein Geschenk, mit all dem, was drin ist – auch wenn sich mir das Positive fürs Erste nicht erschließt.

Niemand ist zu arm, um geben zu können

Viele Menschen leben in dem Gefühl, zu kurz zu kommen oder benachteiligt zu sein. Oft kommt dann gerade in diesen unsicheren Zeiten noch die Angst dazu, das, was man hat, auch noch zu verlieren. Und die Konsequenz heißt beispielsweise mit Blick auf die steigenden Benzinpreise, über die eigene Mobilität nicht mehr frei entscheiden zu können. Mit Blick auf die steigenden Energiepreise, nur noch heizen zu können, wenn man sich an anderer Stelle einschränkt. Mit Blick auf die sinkenden Renten und darauf, dass die Krankenkassen Leistungen kürzen, sich im Alter nicht die bestmögliche medizinische Versorgung leisten zu können.

Aber mit dieser Haltung verschließt sich das Herz nur zu leicht und es entstehen Gedanken wie: »Also, ich kann mich jetzt nicht um andere kümmern, erst mal muss ich an mich und meine Familie denken.« Oder: »Für das bisschen Geld muss ich hart arbeiten, das sollen die anderen erst mal selbst machen.« Oder: »Warum soll ich anderen helfen – mir hilft ja auch keiner!« Solche Gedanken stellen sich besonders leicht ein, wenn man auf sich allein gestellt ist und wenig Hilfe bekommt.

Tief innen eine große Sehnsucht

Wer dennoch einmal tief in sein Herz horcht, der wird eine leise Stimme vernehmen. Vor lauter schlechten Erfahrungen ist sie vielleicht fast unhörbar geworden, mutlos, und sie kann nur noch flüstern: »Wie wunderbar wäre es, wenn mir dort, wo ich allein nicht weiterkomme, Hilfe zuteilwerden könnte.« Diese Sehnsucht gibt es ja bei den meisten Menschen, die Unterstützung benötigen. Wer die Stimme nicht erstickt, die sich vielleicht erst nur zaghaft bemerkbar macht, der wird feststellen, dass er auch für die Bedürftigkeit anderer sensibler wird. Das ist die Voraussetzung, um echte Hilfsbereitschaft an den Tag zu legen und zu handeln.

»Wer liebt und auch im Alltag immer wieder kleine Liebesdienste tut, der spürt seine eigene Kraft und die Schönheit der eigenen Seele.«

Das Erstaunliche dabei: Du wirst merken, dass dir selbst genug Zeit und auch genug Geld bleiben, ja du wirst vielleicht erstmals feststellen, wie viel du davon hast! Und du wirst die wunderbare Erfahrung machen, dass du zugleich etwas ganz anderes, viel Wertvolleres bekommst: zum einen die Freude in den Augen der Menschen, denen du zur Seite stehst, und zum anderen die Entdeckung, dass wir Menschen unzertrennlich verbunden sind.

Alles, was du für andere tust, nährt und stärkt und befriedet dein eigenes Herz. Und diese Möglichkeit steht jedem offen, ganz gleich, wie arm oder reich er ist. Mehr kann niemand auf dieser Welt erlangen.

Wie die Männer
aus dem Armenviertel Gott
im Erdbebengebiet finden

Im Februar 2010 ereignete sich in Chile ein schreckliches Erdbeben. Mit einer Stärke von 8,8 war es das schwerste in diesem Land seit 50 Jahren. Dem Beben folgte ein Tsunami, der weite Teile der chilenischen Küste heimsuchte. Zwei Millionen Menschen waren direkt betroffen. Etwa eine halbe Million Wohnungen wurden zerstört oder schwer beschädigt. Der Gesamtschaden wurde auf rund 30 Milliarden Dollar geschätzt. Großes Leid war über unser Land gekommen.

Hilfe von überallher

So schnell ich konnte, eilte ich mit meiner Mitschwester Maruja von Santiago aus an die Küste ins Erdbebengebiet. Natürlich fehlte es zuallererst an einer neuen Bleibe für die Menschen. Im Land wurden ganz viele provisorische Holzhüttchen gebaut – mit bester Absicht zwar, aber ohne jede Einfühlung in die Bedürfnisse der Menschen. Warum sollten die Menschen viele Monate in einem Provisorium leben müssen, für das nicht einmal richtige Fenster vorgesehen waren?! Mir ging es darum, dass die Menschen, auch wenn es nur für ein, zwei Jahre sein würde, eine Hütte bezogen, in der sie sich wohlfühlen konnten. Mit richtigen Fenstern, die sich schließen lassen und die Licht hereinlassen, nicht nur Klappen. Und sie sollten einen ordentlichen Fußboden mit einer Abdämmung gegen Hitze genauso wie gegen die Kälte haben, die bald kommen würde.

Von überallher bekamen wir so viel Hilfe, dass wir schnell die ersten dreißig Häuser bereitstellen konnten. All das – das unsägliche Leid der Menschen an der Küste genauso wie die große Hilfsbereitschaft – bekamen die Menschen in unserer Gemeinde im Armenviertel natürlich mit. Sie hatten ja selbst immer wieder erfahren, dass sie Hilfe brauchten und Hilfe bekommen hatten. Auch untereinander hatten sie sich oft gegenseitig beigestanden. Und dabei nicht zuletzt gelernt, wie Helfen geht, ohne den anderen zu beschämen.

Nie werde ich die Worte von Juan nach einer Katastrophe vergessen. Wie es leider so oft passiert ist, war eine Hütte im Armenviertel in Brand geraten. Die Familie hatte alles Hab und Gut verloren. Dass die Menschen sofort das Nötigste für diese Familie sammelten – das war selbstverständlich. Aber Juan reichte das nicht. Er trat vor die Gemeinde und trug flehentlich vor: »Freunde, bitte gebt, was ihr entbehren könnt. Aber gebt nicht das, was ihr los werden wollt, das Hässliche, Angeschlagene. Gebt nicht die Tasse ohne Henkel.« Juan hatte den Sinn des Helfens, das aus Liebe geschieht, begriffen.

Unterwegs gen Süden

Nach dem Erdbeben wuchs unter den Menschen im Armenviertel der Wunsch, ihren Geschwistern in dem betroffenen Gebiet zu helfen. Die Männer trugen Bretter und Planen zusammen und trieben unter großen Mühen Dachplatten und Fenster auf. Schließlich machten sie auch einen Lastwagen ausfindig, mit dem sie die von ihnen vorgefertigten Holzwände in den Süden fahren konnten. Am Freitagmorgen ging es in aller Herrgottsfrühe los. Es waren mehr als 25 Männer, die fuhren. Einer von ihnen sollte den Bau leiten. Im Erbebengebiet gab es natürlich keine Quartiere, um unterzukommen. Zelte hatten wir keine und sie wären in dieser Jahreszeit und unter diesen Bedingungen auch keine Lösung gewesen. So beschlossen die Männer, unterwegs auf dem Lkw zu schlafen. Alles, was sie hatten, um sich wenigstens notdürftig zuzudecken, war eine Plane. Maruja lief noch los, um Jacken und Mäntel für die Helfer zu holen. Aber die Männer winkten ab. Sie wollten fahren und wir sollten sie mit unserer Sorge in Ruhe lassen.

Es ging 430 Kilometer in den Süden Chiles, nach Quirihue. Die Familie, zu der die Männer unterwegs waren, lebte außerhalb dieser Kleinstadt und hatte drei Kinder. Seit dem Erdbeben hausten sie in einer Höhle. Maruja hatte die Familie zuvor gemeinsam mit einer kleinen Gruppe aus der Gemeinde besucht und ausgesucht. Die Familie wusste, dass Leute aus Santiago kommen würden, um ihnen ein Häuschen zu bauen.

Nachdem die Männer losgefahren waren, hörten wir nichts mehr von ihnen. Montags mussten sie wieder arbeiten. Für den Freitag hatten sie unbezahlten Urlaub genommen – umso wichtiger war es, dass sie am Montag wieder bei der Arbeit erschienen. Bis Sonntag- abend hatten wir keine Nachricht. Ob etwas passiert war?

Gegen zehn Uhr, es war schon stockfinster, klingelte das Telefon. Ich hörte ein fürchterliches Husten und Krächzen: »Karoline, wir sind fertig mit dem Bau. Die Familie hat mitgeholfen. Und am Ende haben wir es so gemacht, wie du es auch immer tust: Mit der Familie haben wir uns rund um das Haus gestellt und es gesegnet. Und sogar noch ein Fähnchen auf das Haus gesteckt.« Es hustete aus der Leitung. »Und, Karoline, weißt du was? Gott ist hier, Gott lebt!« Damit war das Gespräch beendet, die Verbindung war zusammengebrochen.

Montagfrüh um halb sieben waren die Männer zurück, gerade noch rechtzeitig, um zur Arbeit gehen zu können.

Am nächsten Sonntag war dann die ganze Gemeinde versammelt und die Männer erzählten, wie dramatisch die Situation vor Ort ge- wesen war. Es hatte so geregnet, dass der ganze Weg zu der Höhle, in

der die Familie Unterschlupf gefunden hatte, verschlammt war. Da
es auf den Winter zuging, war es schon kalt geworden. Dabei regnete
es ohne Unterlass. So kam es, dass die Männer das ganze Baumaterial über einen Bach tragen mussten, der sich aufgrund der Regenfälle
gebildet hatte. Das war nicht nur sehr mühselig und anstrengend,
sondern auch zeitraubend: Die Männer brauchten für alles viel länger als ursprünglich vorgesehen.

In ein paar Wochen würden die Männer noch einmal aufbrechen
und den Einsatz wiederholen – für eine Familie, die sie bei dieser
Fahrt kennengelernt hatten.

Ein Häuschen bauen und Gott finden

Das Glück, das die Männer empfanden, war einfach unbeschreiblich. Und irgendwie leuchtet es bis zum heutigen Tag über ihrem
Leben. Die Familie, für die das Häuschen gebaut wurde, möchte zum
Dank eine kleine Kapelle errichten. Dabei wollen ihnen die Männer
ebenfalls helfen. Sie sagten, es sei so hart gewesen, den ersten Schock
über das, was sie bei der Ankunft vorfanden, zu überwinden. Dann
nachts unter der viel zu dünnen Plane zu liegen. Und die Misere
bei Tageslicht in ihrer ganzen Grausamkeit vor Augen geführt zu
bekommen: das Elend, mit drei Kindern in einer Höhle hausen zu
müssen. Da sei es wie ein Wunder gewesen, das schöne Häuschen
zusammenzuzimmern. Niemals, sagten sie, niemals hätten sie das
geschafft ohne die Kraft Gottes. Sie hätten es die ganze Zeit gespürt,
dass eine Kraft sie unterstützte und trug. Nur so hätten sie immer
weitermachen können.

Die kleine Kapelle wird »Cristo Vive« heißen, »Christus lebt«.

MEINE EINLADUNG AN DICH:
FINDE GOTT IN ANDEREN MENSCHEN

Mag sein, dass diese Geschichte bei manchem Leser im vergleichs-
weise wenig katastrophengebeutelten Mitteleuropa Ratlosigkeit oder
gar ein schlechtes Gewissen auslöst. Doch so ist sie nicht gemeint,
das ist nicht ihr Sinn. Diese Geschichte soll nicht ent- sondern ermutigen: Wenn Menschen unter solch schwierigen Umständen die Kraft
der Liebe in sich entdecken können – warum sollte uns das nicht
ebenfalls gelingen?

Wovon wir nichts zu haben glauben

Um zu verdeutlichen, was uns diese Geschichte sagen kann, sei hier
ein anderes Beispiel aufgeführt: Wie oft haben wir das Gefühl, keine
Zeit zu haben! Da scheint es nahezu unmöglich, davon noch etwas
an andere »abzugeben«.
Ein Beispiel: Samstagnachmittag, endlich das wohlverdiente Wochenende. Du bist unterwegs zu Freunden, die schon einen frischen,
extra für dich gebackenen Zwiebelkuchen angekündigt haben. Da
siehst du am Straßenrand in der Ferne ein Auto mit einem rauchen-
den Motor. Als du näher kommst, entdeckst du noch eine junge
Familie, die Mutter hat ein schreiendes Kleinkind auf dem Arm,
der Vater schaut in den Motorraum, ein kleiner Junge steht abseits.
Vielleicht ist dein erster Impuls anzuhalten, aber dann fällt dir der
Zwiebelkuchen ein – und direkt danach, wie oft die Menschen schon
an dir »vorbeigefahren« sind!

* Vielleicht reicht die Zeit aber doch, um sich die Frage zu stellen,
 was für die Menschen am Straßenrand wohl am sinnvollsten
 wäre. Sicher nicht, dass alle vorbeifahren und denken, der ADAC
 wird schon irgendwann kommen. Sondern doch viel eher, dass
 irgendjemand anhält, um ihnen beizustehen.

* Auch wenn wir meinen, nichts zu haben – also beispielsweise keine Zeit –, so können wir dennoch etwas geben, mehr als uns vielleicht bewusst ist.

* Wenn du nun in einer solchen inneren Zwickmühle wärest, wie wäre es da, einfach anzuhalten, den Freunden telefonisch Bescheid zu sagen, dass es eine halbe Stunde später wird – so viel könnte auch ein Stau ausmachen –, und die junge Familie zu fragen, was passiert ist?

Vielleicht erfährst du, dass der ADAC gerade völlig überlastet ist und erst in drei Stunden kommt oder dass das kleine Kind gerade erst eine Erkältung überstanden hat und deswegen so schreit. Oder die Eltern sind in Panik, weil sie nicht wissen, was an Reparaturkosten auf sie zukommt. An all dem kannst du nichts ändern, aber du kannst rasch zur nächsten Tankstelle fahren, Kaffee für die Erwachsenen, ein Eis für den Kleinen und einen Luftballon für das Baby holen. Nichts Großartiges, einfach eine nette Geste für einen sehr stressigen Moment, den diese Familie gerade durchmachen muss.

Deine Freunde werden, wenn sie Freunde sind, die kleine Verspätung verstehen, und der Zwiebelkuchen wird so gut schmecken wie noch nie.

Menschen wollen füreinander sorgen – das weiß ich

Ich habe ganz viel Vertrauen in die Menschen. In alle Menschen, nicht nur in diejenigen, die sich viel für andere einsetzen. Dieses Vertrauen ist so tief, weil ich fest davon überzeugt bin, dass wir dazu geschaffen sind, einander beizustehen. Lieben heißt tun, handeln, aktiv sein.

Verzeih,
wenn dir Unrecht geschieht

Es gibt kein Zusammenleben ohne Verletzungen. Doch wie gehen die Menschen mit den blauen Flecken, den kleineren und größeren Verletzungen und mit den manchmal schmerzenden Wunden um? In unserem Kulturkreis ist das stark von christlichem Gedankengut geprägt: Wer verletzt worden ist, der möge dem anderen verzeihen. Ein »guter« Christ kann demnach nicht entscheiden, ob er überhaupt verzeihen will oder lieber nicht, egal wie schmerzhaft das Leid ist, das ihm zugefügt wurde.

Das hat viel Schaden angerichtet, denn unter dem erzwungenen Verzeihen brodelten zu oft die verletzten Gefühle weiter. Kränkung, Wut oder Scham verschwinden nicht automatisch mit dem Verzeihen. Heilung ist so nicht möglich. Zudem liegt hier ein riesiges Missverständnis vor: Es sollte beim Verzeihen nicht in erster Linie um den Täter gehen, sondern um das Opfer, also um diejenige Person, der Leid und Unrecht zugefügt wurde! Das Opfer *muss* ganz sicher niemandem verzeihen. Aber es ist klug und für die eigene Seele heilsam, zu verzeihen – damit der Schaden, der durch das Unrecht zugefügt wurde, nicht zum Dauerschaden wird. Damit nicht immer weiter neues Salz in die Wunde gestreut wird. Denn das raubt nur Energie und Freude, die dann anderswo fehlen.

Wiedergutmachung ist wichtig

Und wo wir gerade schon bei Missverständnissen sind: Es ist zwar gesund, dem Täter zu verzeihen, aber die Tat wird dadurch nicht ungeschehen gemacht! Wer verzeiht, kann einen Weg finden, zu akzeptieren, was passiert und nicht mehr zu ändern ist, im besten Fall sogar zu verstehen, warum der Täter so gehandelt hat. Aber selbstredend muss der Schaden ersetzt werden, der Täter muss Verantwortung übernehmen und sich um Wiedergutmachung bemühen. Schließlich darf Verzeihen auch niemals bedeuten, etwas herunterzuschlucken, zu verdrängen, in sich zu ersticken. Das führt nur dazu, dass das Unrecht weitergärt und in der Seele eine Giftmülldeponie entsteht, die zusätzlich Schaden anrichtet.

Verzeihen heißt: Unrecht aus- und ansprechen. Auf Wiedergutmachung bestehen. Und dann die Wunde heilen lassen und sich von der entstandenen Last befreien. Schließlich: wieder atmen können, wieder frei sein für das Leben.

»Ich sehe einen enormen Knoten in den Herzen der Menschen, auch unter Freunden. Irgendwelche Enttäuschungen, ein Missverständnis, eine Rechthaberei, die dann dazu führen, dass die besten Freundschaften kaputtgehen. Ich kann jedem von euch nur sagen: Verzeih, befrei dich. Frag nach, was los war, und wirf die Freundschaft nicht einfach weg.«

Alfredo zieht die Vorhänge auf und lässt Licht in sein Herz

Alfredo hatte nach mir geschickt. Er wohnte in der Nachbarschaft und wollte mich sehen. Mit Kirche hatte er nicht viel am Hut, aber ich sollte zu ihm kommen. Sobald ich konnte, ging ich hin.

In Alfredos Zimmer war es stockfinster, schwarze Tücher verdunkelten die Fenster. Um mich orientieren zu können, machte ich für einen Moment das Licht an. Ich erschrak über Alfredos Aussehen. Er hatte Leberkrebs, schon ziemlich weit fortgeschritten. Er wollte leben, wusste aber, dass er todgeweiht war.

Die Dunkelheit des Nicht-Verzeihens

Aus irgendeinem Grund war mein Besuch wichtig für ihn. So streichelte ich seine Hand und versuchte, ihm Mut zu machen. »Es ist nicht gut, so lange im Dunkeln zu sein. Wie lange geht das jetzt schon so?«

»Vierzehn Tage.«

»Nein, das ist gar nicht gut.«

»Ich will kein Licht. Meine Seele ist dunkel, mein Herz auch. Ich werde sterben. Sterben ist auch schwarz.«

Ich spürte, dass er auf eine Antwort von mir spekulierte, die ihm Gesundung versprechen würde, und ich sagte: »Aber du bist noch nicht am Weggehen. Was ist los mit dir?«

»Ich verzeihe nicht, ich kann nicht verzeihen. Meine erste Frau hasst mich. Und meine zehn Kinder – stell dir vor: zehn Kinder! – sind jetzt alle erwachsen. Die haben mich alle nicht besucht, nicht ein Mal. Ich möchte weder meine Frau noch meine Kinder wiedersehen.«

»Vielleicht wissen sie es ja nicht einmal? Wenn du willst, kann ich mit deiner Frau reden und mit deinen Kindern.« Ich war mir nicht sicher, ob er es wollte. Alfredo war schon seit zwanzig Jahren von seiner Frau getrennt. Mit seiner zweiten Frau Juana – sie waren nicht verheiratet – hatte er einen Sohn. Juana umgab ihn mit all ihrer Liebe. Alfredo hingegen lebte in der Dunkelheit des Nicht-Verzeihens. »Ich kann nicht beten. Kannst du für mich beten?«, fragte er.

»Ja«, sagte ich, »aber ich habe eine Bedingung. Ich brauche etwas Licht für deine Seele.«

Juana und ich bekamen die Erlaubnis, die Tücher vom Fenster wegzunehmen. Gemeinsam beteten wir. Er bat mich wiederzukommen. Ich sprach Juana und dem Sohn Mut zu, dann ging ich.

Noch mehrmals kam ich dorthin. Alfredo wollte weder Licht noch Helligkeit in seinem Zimmer, und er wollte auch nichts von seiner gelben Gesichtsfarbe wissen.

Eine langjährige Fehde

Seine erste Familie wohnte nur 250 Meter entfernt. Ich benachrichtigte sie, was ich Alfredo aber verschwieg, um keine Hoffnungen zu wecken, die sich vielleicht nicht erfüllen würden.

»So lange schon habe ich sie nicht mehr gesehen«, klagte Alfredo. »Es tut mir leid. Aber es gibt nur einen Weg: Du kannst erst weggehen von dieser Erde, wenn du verzeihst. Ich kann dir nichts anderes sagen. Das ist unheimlich schwer, ich kann dich verstehen. Weißt du, vielleicht trauen sie sich nicht zu kommen. Aber wir können beten um Gottes Kraft, damit Licht komme in deine Seele.« Und das taten wir dann auch. Ich spürte, dass in meinen Besuchen ein enormer Trost für die kleine Familie lag.

Fürs Erste: Frieden

Eines Morgens saßen wir beim Frühgebet, da wurde ich zu Alfredo gerufen. Am Vortag war ich noch dort gewesen. Auf dem Weg zu ihm rannte ich und mir flog ein Lied zu: »*Dios está aquí*. Gott ist hier / näher als die Morgenröte, die aufgeht / näher als die Luft, die du einatmest / näher als das Lied, das du hörst.«

Als ich so singend ankam, raunte mir jemand zu: »Seine erste Frau ist heute Nacht gekommen.« Ich riss die Tür auf, und weil das Zimmer so klein war, stand ich auch schon am Fußende des Bettes – das Zimmer war hell, anscheinend hatte Alfredo nun doch erlaubt, dass das Licht herein durfte – und ich sang: »*Dios está aquí …*«

Alfredo schaute mich an, machte mit der Hand eine leichte Bewegung in Richtung des Fensters, flüsterte dazu »schhhh«, zwinkerte mit einem Auge, hauchte erneut »schhhh«, und ich spürte förmlich, wie seine Seele den welken Leib verließ.

Im ganzen Haus war ein unendlicher Friede und ich wusste sofort: Alfredo hatte verziehen. Er hatte seinen Frieden gefunden. Die erste Frau war anwesend, zusammen mit allen Kindern – mit Ausnahme eines Sohnes, der gerade in Argentinien war –, und ebenso die zweite Frau mit dem gemeinsamen Sohn.

Die erste Frau wollte nun, dass Alfredo bei ihr zu Hause aufgebahrt würde. Was für eine Großmütigkeit wurde da von Juana verlangt, die damit auf die Ehre der Totenwache in ihrem Haus verzichtete! Schließlich durfte sie das andere Haus nicht betreten! So waren die Sitten damals in Chile. Man konnte sich noch nicht einmal scheiden lassen. Und Juana hatte auch keinerlei Anspruch auf das Erbe. Dennoch stimmte Juana zu, dass der Leichnam in das andere Haus getragen wurde. Ich bekam das mit und schlug eine große Abschiedsfeier in der Kirche vor. Es war Sommer und so musste alles schnell gehen. Wir vereinbarten, dass der Tote um 14 Uhr in unsere

Kirche gebracht wurde. So konnte auch Juana Abschied nehmen. Aber vor allem wollte ich die Versöhnung vorantreiben.

Wir bereiteten alles für eine schöne Feier vor und läuteten um zwei Uhr die Glocken. Es passierte nichts. Halb drei, immer noch nichts. Viertel vor drei. Nichts. Drei Uhr. Einer der Söhne kam in mein Haus. Es tue ihm leid, der Vater könne nicht in die Kirche gebracht werden. Der Leichnam sei schon am Verwesen, er müsse direkt vom Haus auf den Friedhof gebracht werden. Draußen war eine fürchterliche Hitze – was den Verwesungsprozess beschleunigte –, das war wohl wahr. Aber ich wusste, dass hier ein böses Spiel getrieben wurde. Die erste Familie wollte die zweite Frau ausschließen.

Oh, wie wurde ich wütend! »Das ist ein Verrat, den ihr hier begeht. Ihr haltet euch nicht an unsere Vereinbarung! Das lasse ich nicht zu. Ihr bringt sofort den Vater her, sofort sage ich! Da gibt es gar nichts.« Zornig funkelte ich ihn an: »Sofort!« So konnten wir mit viel Verspätung in der Gemeinde eine wunderschöne Trauerfeier abhalten. Und was mir so wichtig war: Juana war mit ihrem Sohn dabei. In der Kirche war das, anders als im Haus der ersten Frau, möglich.

Alfredos Nachlass

Gemeinsam versuchten wir, auch für das Erbe eine Lösung zu finden. Die erste Frau konnte sich zwar nicht vorstellen, ihre Rente zu teilen, und auch nicht, Juana Kleidung und Schuhe, die diese in ihrer materiellen Not gebraucht hätte, zu überlassen. Wenigstens gelang es uns, dass die Dinge im Einverständnis mit der ersten Frau an andere Arme weitergegeben werden durften.

Einige Zeit später kam Juana noch einmal zu mir, um sich zu bedanken. Und zu erzählen: Sie spüre Alfredos Hilfe aus einer anderen Welt. Ihr Sohn hatte Arbeit gefunden. Und mit seinem Lohn konnten sie beide gut leben.

MEINE EINLADUNG AN DICH:
VERGIB UNRECHT

Viele Menschen kommen nicht über Verletzungen hinweg, unabhängig davon, wie lange diese zurückliegen, und können nicht verzeihen. So verhängen sie ihr Herz mit dunklen Tüchern. Auch Alfredo brauchte lange Zeit, bis er verzeihen konnte – Jahre und Jahrzehnte! Aber am Ende hat er es dann doch getan.

Verzeihen befreit

* »Das werde ich nie verzeihen.« Wenn du ein liebevolles Leben führen willst, dann streiche diesen Satz ein für alle Mal aus deinem Wortschatz und finde stattdessen einen Weg, die durch welches Unrecht auch immer entstandene Wunde zu heilen. Zum Verzeihen brauchst du nicht den anderen. Verzeihen befreit den, der verletzt worden ist.

Ist es wirklich unverzeihlich?

Ein Freund hatte fest versprochen, beim Bau des Wintergartens zu helfen – aber dann ist er lieber in Urlaub gefahren, spontan. Eine Frau weiß, dass der Mann ihrer besten Freundin fremdgeht, sagt dieser aber nichts. Der ältere Kollege, den der junge Mitarbeiter um Rat gebeten hatte, trägt dessen Idee dem Chef vor und gibt sie als seine eigene aus. Die Schwiegertochter trennt sich vom Sohn, geht eine neue Beziehung ein und unterbindet fast jeden Kontakt zwischen den Enkeln und Oma und Opa. All das ist schmerzlich – aber kann man es wirklich nicht verzeihen?

* Wenn man nicht verzeihen will oder kann, bleibt man in der Finsternis der Bitterkeit stecken und schadet auf diese Weise vor allem sich selbst. Verzeihen bedeutet, das Licht wieder ins eigene Herz zu lassen.

Mit dem Mantel des Schweigens ist keinem gedient

Ganz besonders stellt sich die Frage des Verzeihens am Sterbebett. Zu dem Menschen, der geht, bestehen manchmal ambivalente Gefühle. Jemand spürt zum Beispiel eine Verbundenheit, weil dieser Mensch ihm viel Gutes getan hat – aber er war auch an einer Verleumdung beteiligt, in deren Folge der Verleumdete seine Arbeitsstelle verloren hat. Und jetzt, am Sterbebett? Wenn ausschließlich gesagt wird: »Aber er war doch ein guter Mensch«, dann bleibt die Wunde der Verleumdung, vielleicht blutet sie sogar noch und der Knoten in der Kehle drückt weiter die Luft ab.

* Nein, was passiert ist, das darf, das soll sogar ausgesprochen werden. Sonst brodelt es weiter. Aber das heißt nicht, dass es nicht verziehen werden könnte!

Damit sich mein Herz wieder öffnet, will ich verzeihen

Ich kann verzeihen, aber ich kann trotzdem mein Recht einforden. Ich kann und werde zeigen, dass ich dem anderen nichts Böses will, dass ich den anderen verstehen kann, dass ich weiß, weshalb er so gehandelt hat. Aber wenn er mir Geld gestohlen hat, werde ich sagen: Bitte gib mir das Geld zurück, mach den Schaden wieder gut.

Wenn ich verleumdet worden bin, was mir in meinem Leben öfter passiert ist und was schrecklich wehgetan hat – nicht nur mir, auch sehr vielen anderen Menschen, darunter meiner Familie –, dann bleibt mir immer noch die Möglichkeit zu sagen: Derjenige, der Dreck geworfen hat, hat dreckige Hände. Ich lasse mich nicht beschmutzen und ich werde darüber nicht verbittern.

Verzichte auf Vergeltung

Rache und Vergeltung, das klingt archaisch, nach Auge um Auge, Zahn um Zahn. Mit dem Leben heutiger Menschen scheint es nicht mehr viel zu tun zu haben, da sind wir doch in unserer zivilisierten Welt schon viel weiter. Oder etwa nicht?

Zwei Schwestern, die beide auch Mütter sind, haben von ihrer Mutter geerbt. Der Vater ist schon vor längerer Zeit gestorben. Eine Tochter hat die Mutter gepflegt, die andere hat sich um den Papierkram gekümmert, sich aber ansonsten nicht sehen lassen. Deren Sohn soll nun ein wertvolles Bild bekommen, das hatten Oma und Enkel so besprochen. Die Mutter der anderen Kinder tobt: Dafür muss ein Ausgleich her! Sie sinnt auf Rache.

Oder ein anderes Beispiel: Ein Sorgerechtsstreit, in dem immer wieder neue Detailfragen vor Gericht geklärt werden müssen. Die Eltern sind schon lange getrennt, die Kinder inzwischen fast im Teenageralter. Die Mutter ist aber darüber, dass sie von ihrem Mann verlassen wurde, immer noch so gekränkt, dass sie jede Gelegenheit nutzt, um Entscheidungen über seinen Kopf hinweg zu treffen. Der Vater will sich das irgendwann nicht mehr bieten lassen – deswegen kommt es zu mehreren Gerichtsverfahren. Die Mutter kann manchen Triumph davontragen, doch der Beigeschmack ist bitter. Trennungen wirken oft besonders lange nach, dafür kennt sicher jeder Beispiele.

Vergeltung vergrößert den eigenen Schmerz

Viele Menschen, die Kränkungen nicht verarbeitet haben, suchen sie heimzuzahlen, sich richtiggehend zu rächen. Ob wir uns das eingestehen oder nicht – Vergeltung ist auch in unserer modernen, aufgeklärten Welt ein Thema. Man ist aus irgendeinem Grund tief verletzt und handelt, als ob der eigene Schmerz kleiner würde, wenn man es dem anderen mit gleicher Münze heimzahlt.

Die Rechnung geht aber gar nicht auf, denn die eigene Wunde heilt ja kein bisschen besser oder schneller davon, dass derjenige, der einen verletzt hat, ebenfalls aus einer Wunde blutet, bildlich gesprochen. Im Gegenteil, denn dann fließt alle Energie in Rachefantasien statt in die Versorgung der eigenen Wunde. Und die fängt unterdessen an zu eitern und noch mehr zu schmerzen.

»Zum Glück können wir Menschen die Würde haben und auf Vergeltung verzichten. Dann ist der Bann gelöst und das Leben kann weitergehen.«

Vielleicht hilft dieses Bild von der eigenen eiternden Wunde, der wir uns eigentlich zuwenden sollten, uns das Herz zu öffnen und auf »Ausgleich«, Rache oder gar Vergeltung einfach zu verzichten. Aus Liebe zu uns selbst. Schon von einer kleinen Genugtuung abzusehen, das gehört zur hohen Kunst der Liebe.

Wie Jorge
das Messer abgibt

Es klopfte an mein Autofenster: Jorge stand da, er hatte eine Flasche in der Hand und wankte. Wie so oft war er betrunken. Heute war er ganz außer sich: »*Madre*, Mutter, ich muss mit dir sprechen. Es ist dringend. Jetzt sofort!«

Ich sah seine Not und erstarrte, denn wenn ich eines jetzt nicht hatte, dann war es Zeit für Jorge. Er hätte sich keinen schlechteren Moment aussuchen können. Gerade war ich in der Psychiatrie gewesen und fuhr nun zur Leichenhalle. Eine Tragödie war passiert. In unserem Viertel war eine Hütte in Brand geraten. Das passierte leider immer wieder, die kleinen Hütten brauchten nur einen Funken zu fangen, und schon standen sie in Brand, der wiederum in Windeseile auf die Nachbarhütten übergriff. Wie oft bin ich zur Polizei gerast! Wir hatten ja in den Armenvierteln damals kein Telefon, um die Feuerwehr zu benachrichtigen.

Ich kannte den Weg ganz genau – schon eine rote Ampel bedeutete, dass mindestens drei Hütten mehr loderten und dass weitere drei Familien alles verloren, was sie hatten. Und selbst wenn alles gut ging und sämtliche Ampeln auf Grün standen, brauchte ich mindestens zehn Minuten. Und dann musste die Feuerwehr ja erst noch kommen ...

In diesem Fall war es so gewesen: Eine leicht geistig behinderte ganz junge Mutter, Flor, hatte eine Kerze angezündet und ihre beiden kleinen Kinder, ein und drei Jahre alt, in der Hütte gelassen, um draußen am offenen Feuer die Milchfläschchen zuzubereiten. Die Kerze war wohl umgekippt und hatte das Hüttchen in Brand gesetzt. Der Vater, Luca, half in unseren Kindergärten, die Häuser instand zu setzen. Zuvor hatte er lange Jahre als Bettler auf der Straße gelebt. Dort hatten wir ihn aufgelesen und ihm eine Hütte und Arbeit gegeben. Die Kinder waren sein Ein und Alles gewesen – und jetzt im Feuer umgekommen.

Beide Eltern waren zusammengebrochen. Sie hatten getobt und getobt. Die Polizei hatte sie der Einfachheit halber in die Psychiatrie gebracht – man wusste sich nicht besser zu helfen.

Keine Zeit für Jorge

Von dort kam ich also gerade. Ich hatte beide wieder herausgeholt und in unsere Hütte gebracht. Maruja war bei ihnen. Jetzt stand mir die nächste Aufgabe bevor: Ich war unterwegs, die beiden kleinen verkohlten Körperchen zu holen. Außerdem wollte ich Blumen mitbringen und was noch für eine Totenwache fehlte. Die Kinder sollten einen würdevollen Abschied bekommen.

In dieser Situation klopfte Jorge an mein Autofenster. Neben ihm war ein Kumpel, der an ihm herumzerrte und verhindern wollte, dass er zu mir ins Auto stieg. Was auch immer da los war, ich hatte keine Zeit dafür.

»Jorge, steig ein. Morgen kannst du zu mir kommen. Jetzt kannst du mich begleiten, aber dann muss ich für Luca und Flor da sein.«

»Oh! Ich habe gehört, was passiert ist. Es ist wirklich furchtbar.«

Während der weiteren Fahrt saß Jorge stumm neben mir. Ich konzentrierte mich auf den Verkehr.

Als wir ankamen, zog Jorge einen Gegenstand unter seinem Pullover hervor: ein großes Fleischermesser. »Da, *Madre,* nimm das«, sagte er und sprang aus dem Auto. »Ich komme morgen Nachmittag.«

Am nächsten Nachmittag, es war Samstag, saßen wir in unserer Hütte um den Tisch. Tiefe Verzweiflung lag im Raum. Am Morgen hatten wir die Kinder beerdigt. Das Mittagessen stand unberührt vor uns. Nichts konnte die Eltern trösten. Ich saß da und flehte innerlich zu Gott: »Bitte gib mir eine Idee! So sterben die Eltern vor Gram. Wir brauchen einen Hoffnungsschimmer.«

Da klopfte es. Jorge stand im Türrahmen. Er setzte sich zu Luca und Flor. Die beiden kannten Jorge.

»Ich weiß, wie es euch geht. Ich kenne euren Schmerz. Vor Jahren ist meine kleine Prinzessin überfahren worden. Neun Jahre war sie alt. In meinen Armen ist sie verblutet. Sie war der Stern meines Lebens. Danach habe ich angefangen, mehr als jemals zuvor zu trinken. Aber heute bin ich gekommen, um euch etwas zu erzählen. Eure Kinder sind kleine Engel geworden. Gestern haben sie mich vor einem Verbrechen bewahrt. Es ist wirklich ein Wunder passiert, Karoline ist meine Zeugin!«

Ich? Zeugin eines Wunders? Wovon redete Jorge nur? Die Geschichte, wie Jorge sein Töchterchen Maria verloren hatte, kannte ich natürlich. Aber jetzt hatte ich keine Ahnung, worum es ging.

Da fuhr Jorge aber schon fort: »Ich war auf dem Weg. Ich wollte jemanden umbringen. Wir waren zu zweit, ich hatte ein Fleischermesser dabei. Wir wollten einen Mord begehen. Da erschienen mir eure Kinder, wie zwei Engel. Sie haben den Mord verhindert, mich davon abgehalten. Es war, als sagten sie: ›Jorge, es reicht, dass wir tot sind. Genug. Tu es nicht.‹«

Wir hielten alle den Atem an. Mir war jetzt einiges klar, auch warum Jorges Kumpel verhindern wollte, dass er in mein Auto einstieg.

»Und gerade als eure Kinder so zu mir sprachen, sah ich Karolines Auto. Ich bin hin, eingestiegen und habe ihr das Messer gegeben. Karoline, du bist meine Zeugin.«

Waffen am Altar

Ich nickte, stand auf und ging in unsere kleine Kapelle, zum Jesus am Kreuz. Das müsst ihr euch so vorstellen: Zusammen mit zwei anderen Schwestern wohne ich – damals wie heute – in einem kleinen Häuschen, ähnlich den meisten Häuschen in der Siedlung. Sobald man die Tür öffnet, steht man schon in dem einzigen richtigen Raum. Auch der ist klein, aber es ist immerhin Platz darin für einen großen Tisch, und wir sitzen dort zu vielen Gelegenheiten, so wie jetzt mit Luca und Flor. Im Anschluss an diesen Raum gibt es einen winzigen Flur. Im hinteren Teil ist unsere klitzekleine Küche, davor unser Kapellchen. Beides zusammen ist nicht größer als drei Quadratmeter. In dem Kapellchen befindet sich ein Kruzifix, ein Jesus am Kreuz. Aber es ist kein normales Kruzifix. Unser Jesus ist ein Torso, seine Arme hatte er schon verloren, als ich ihn geschenkt bekam. Auf den Boden vor diesem Kruzifix lege ich immer alles hin, was mir gegeben wird. Das waren im Lauf der Jahre schon viele Messer, Schlagringe, andere Waffen und Drogen. Viele junge Männer wollen aufhören, sei es mit Drogen oder mit kriminellen Geschichten. Und dann soll ich die Dinge für sie aufbewahren, damit sie nicht in Versuchung geraten. Von dort holte ich also das Fleischermesser und trug es zu den anderen. Die staunten. Luca und Flor hatten die Köpfe gehoben und sahen Jorge an.

Ich wusste und wir alle fühlten: Der Bann war gebrochen. Es war, als würde der Herzschlag bei den beiden wieder einsetzen, als würden sie wieder einatmen. Das Leben kehrte langsam zurück. Ich spürte deutlich: Gott würde den beiden wieder Kinder schenken, ihr Leben würde weitergehen. Und so kam es.

MEINE EINLADUNG AN DICH:
VERZICHTE AUF RACHE

Mit einem Fleischermesser laufen wohl die wenigsten Menschen durch unsere Straßen, um etwas zu rächen. Doch im übertragenen Sinn, immer bereit, in der passenden Situation endlich zustechen zu können, haben viele ein Messer parat.

Welches »Messer« kannst du abgeben?

* Bei welchem Konflikt in deinem Leben hast du das Gefühl: Die Rechnung ist noch nicht beglichen. Rufe dir Situationen ins Gedächtnis, in denen dir regelmäßig »das Messer in der Tasche aufgeht«. Suche dann nach dem Grund dafür.
* Das Messer abgeben heißt: auf Rache – auch in Gedanken – zu verzichten und auszusteigen aus dem Kreislauf der Eskalation.

Denke auch in größeren Zeiträumen

Stell dir vor, jemand hat alles probiert: den Nachbarn freundlich angesprochen. Ihn schriftlich erinnert. Ein Anwaltsschreiben geschickt. Aber nichts passiert. Der Nachbar schneidet die Bäume, die mittlerweile weit in das andere Grundstück ragen, einfach nicht zurück. Es macht den Betroffenen rasend: Zwei Drittel der Zeit, in der er in der Sonne sitzen könnte, sind im wahrsten Sinn des Wortes überschattet. Das Messer herausholen hieße in dem Fall, mit der Heckensäge selbst Hand anzulegen. Der Konflikt würde so eskalieren. Stattdessen könnte er weiter eine friedliche Lösung suchen, auch wenn sie erst nach längerer Zeit Früchte trüge.

* Es kann hier schon helfen, die Geschichte einfach einmal weiterzudenken: Wie entwickelt sich das Leben, wenn ich wirklich zur Heckensäge greife? Wie erträglich ist mein Alltag noch, wenn aus dem Konflikt ein Nachbarschaftskrieg wird?

Oder ein anderes Beispiel: Im Trennungskonflikt der Eltern werden Kinder zum Spielball der unterschiedlichen Interessen. Die Rachegedanken sitzen so tief, dass den Eltern gar nicht klar ist, wie sie ihr Kind instrumentalisieren.

* Beide Eltern sollten sich die Frage stellen, was eigentlich die Kinderseele braucht, was das Beste für das Kind ist.
* Oder einfach mal nachgeben. Dann kann die gegenseitige Verhärtung aufweichen.

Welche »Engel« können dir helfen?

Solange Vergeltungsgelüste das Gemüt beherrschen, sind die Herzen der Menschen im Gefängnis der Rache gefangen. Das Messer abgeben heißt, die Gefängnistür aufzusperren.

Jorge, der Mann aus der Geschichte, kann das Messer abgeben, weil er an die verbrannten Kinder denkt. Plötzlich schafft er es zu sagen: genug. Genug des Leids, genug der Toten. Für ihn sind die Kinder zu Engeln geworden.

* In einem eskalierenden Konflikt hilft es, den Blick zu weiten, eine andere Perspektive einzunehmen.
* Wer könnte für dich zum Engel werden? Ein Engel, der hilft, den Konflikt neu zu bewerten.

Rache darf mein Herz nicht verwüsten

Es ist viel schwerer, auf Genugtuung zu verzichten, als jemandem zu helfen. Es ist schwer, aber es ist nicht unmöglich. Ich versuche, Rache aus dem Weg zu gehen, sie mir regelrecht aus dem Herzen zu rupfen, wenn ich in Versuchung gerate. Nur so kann ich mich vor dem, wie die Rache mein Herz verwüsten würde, schützen.

Lass nicht zu, dass dein Alltag grau wird

Wir alle müssen unseren Alltag bewältigen. Vom Aufwachen bis zum Schlafengehen findet jeder von uns eine Fülle von Aufgaben vor, die meisten davon sind Pflichten, die immer aufs Neue erledigt werden müssen, ob uns das gefällt oder nicht. Meistens gefällt es uns nicht. Und abends, am Ende der Woche oder am Ende des Jahres haben wir dann oft das Gefühl, als zerrinne die Zeit einfach zwischen unseren Fingern und wir hätten darauf gar keinen Einfluss mehr.

Die Folgen früherer Entscheidungen

Den Verpflichtungen, die uns täglich erwarten, können wir nicht so einfach entkommen: Schließlich sind die meisten davon Konsequenzen aus Entscheidungen, die wir einmal selbst getroffen haben. Damit müssen wir leben. Wer sich beispielsweise entschieden hat, ein Haus zu kaufen, muss Monat für Monat Raten zahlen. Viele Jahre lang. Am Anfang fällt das leicht. Für ein so großes Ziel bringen wir alle Energien auf. In Zeiten des Umzuges, des Einrichtens, vielleicht noch der Gartengestaltung steht den meisten Bauherren kaum der Sinn nach Urlaub oder anderen Vergnügungen. Deswegen wird man da auch nur selten einen Verzicht empfinden.

Aber nach den ersten Jahren, wenn alles eingerichtet ist, so wie man es sich gewünscht hat, und man sich an das neue Wohngefühl gewöhnt hat, tauchen auf einmal andere Wünsche auf: Die Freunde erzählen vielleicht von aufregenden Urlaubsreisen, ein größeres Auto wäre auch praktisch, und man könnte eigentlich wieder öfter mal essen gehen. Die Unzufriedenheit wächst. Was damals jeder Mühe wert schien, gleicht jetzt einer Fessel, von der man sich mehr und mehr eingeschränkt fühlt.

Die Kunst, ein glückliches Leben zu führen

Natürlich gilt das alles erst recht in unseren Beziehungen: Wenn wir verliebt sind, fallen uns die Dinge leicht, das Leben ist dann voller Verheißungen und alles ist in leuchtende Farben gehüllt. Oder schau dir vor Glück überschäumende Eltern an, denen gerade ihr Neugeborenes in den Arm gelegt wurde. Wie unvorstellbar in diesem Moment, dass sich die Eltern schon in wenigen Wochen, mit grauen Schatten unter den Augen, gegenseitig vorrechnen, wer wie oft für dieses Zauberwesen nachts aufgestanden ist!

Um das Glück auch im Alltag bewahren zu können, hilft es, sich immer wieder zu fragen, wo die beglückenden, bunt schillernden Momente zu finden sind, aus denen leuchtende Erinnerungsketten aufgezogen werden können.

»Das Glück bleibt im Alltag, wenn man möglichst eng mit sich selbst verbunden ist. Und mit dem Lebenssinn. Das unterscheidet Glück von Genuss und Spaß.«

Wie Teresa
sich das Glück bewahrt

Zwei Jahre lebt Teresa jetzt schon bei uns im Armenviertel. Zwei Jahre teilt sie mit uns unser Häuschen, ist in ein 3,80 Quadratmeter kleines Zimmerchen gezogen, dessen dünne Wände kaum Schutz vor Lärm, Hitze und Kälte bieten.

Wie glücklich war sie, als sie unsere Arbeit entdeckte! Teresa hatte ihr Leben schon immer Gott geweiht und wollte ihm in einer Gemeinschaft dienen, deswegen schloss sie sich einem Orden an. Doch in ihrem Herzen hatten sich Zweifel eingenistet, und so blieb sie, zuerst unbewusst, dann immer bewusster, auf der Suche. Als sie dabei auf uns stieß, war sie überglücklich. Unbedingt wollte sie ein Teil unseres Lebens werden.

Ich versuchte, Teresa zu bremsen, denn sie war in ihrem Orden abgesichert, der im Fall einer Krankheit oder später im Alter für sie sorgen würde. All das konnten wir ihr nicht bieten. Doch Teresa war nicht abzuschrecken. Sie lebte jeden Tag wie ein großes Abenteuer. Natürlich ist unsere Welt sehr aufregend. Täglich kommen so viele Menschen zu uns: Sie holen uns zu Kranken, zu Sterbenden oder zu einer Beerdigung. Mütter, die nicht weiterwissen, wenn der Mann oder die Kinder Drogen konsumieren und in die Drogenkriminalität abrutschen, suchen unsere Unterstützung. Besucher von überallher machen sich zu uns auf, mal für kürzere Zeit, mal für länger, um an unserem Leben teilzuhaben.

Teresa begleitete uns und übernahm nach und nach immer mehr Aufgaben. So wurde sie für uns zu einer großen Bereicherung. Und doch, auch wenn unser Leben so bunt und vielfältig ist – über kurz oder lang stellt sich der Alltag ein. Vorboten sind die Widerstände, die auftauchen. Es ist eine große Herausforderung, mit den vielen so unterschiedlichen Menschen klarzukommen, die uns aufsuchen. Plötzlich empfindet man es dann als störend, wenn es schon wieder an der Tür klopft – gerade hatte man sich endlich einmal hingesetzt und wollte den Tag ausklingen lassen. Oder wenn die Musik und das lärmende Treiben von der Straße in den Ohren wehtun und einen nach Mitternacht aus dem Schlaf reißen. All der Verzicht, den unser Leben mit sich bringt, wird zur Last, Müdigkeit stellt sich ein.

Im Alltag wach bleiben

Genau das aber soll nicht passieren, das Leben ist für mich keine Last und es soll auch für niemand anderen eine werden. Wir haben einen Weg entwickelt, unser Leben wach und bewusst zu leben: Jeden Morgen lesen wir zusammen im Neuen Testament, in den Geschichten, die von Jesus überliefert sind, und lassen uns davon direkt für unser Leben inspirieren.

Teresa habe ich, wie anderen Menschen auch, erzählt, wie sehr sich mein Leben änderte, als ich diese Art, die Bibel zu lesen, kennengelernt habe. Damals, in den 1960er-Jahren, wollte ich als Missionarin in die Welt gehen und den Menschen von Gott und seiner Liebe erzählen. Heute schlage ich über diese Vorstellung die Hände über dem Kopf zusammen, aber als junge Frau habe ich eben so gedacht. Und dann kam ich Ende der 60er-Jahre in die Slums, baute mir eine kleine Holzhütte, lebte mit den Menschen und wähnte mich am Ziel meiner Träume. Jetzt konnte es also losgehen, das mit dem Erzählen von Gott und der Liebe. Aber dann traf ich einen Arbeiterpriester, einen gelehrten Jesuiten, der sein Geld wie die Menschen im Armenviertel mit einfacher, harter Arbeit verdiente: Er baute Ampeln. Abends trafen sich die Menschen bei ihm in der Hütte, und es wurde von denen, die lesen konnten, ein Stück aus der Bibel gelesen. Nebenbei bemerkt: Fast alle, die nicht lesen konnten, haben es auf diese Weise gelernt!

Nach der Lesung überlegten die Menschen, ob ihnen die Bilder der Bibel in ihrem Leben weiterhalfen. Der Pater wies mich an, bei dieser Gelegenheit nichts zu sagen.

Das Gleichnis vom Sämann

Nie werde ich vergessen, was geschah, als wir die Geschichte vom Sämann lasen. Der Sämann, der die Botschaft Gottes, die Botschaft der Liebe, aussät und niemals weiß, wohin sein Samen fällt: auf Sand, Steine, Dornen oder fruchtbare Erde. Wir saßen im Kreis in der Hütte auf dem Boden. »Also«, fing Juan an, »dieses Erdreich mit den Dornen da, das bin ich. Ich denke immer, dass da in mir was wächst. Und ich hatte es auch zwei Wochen lang geschafft, meinen Lohn am Samstag ganz nach Hause zu bringen. Aber letzten Samstag habe ich wieder die Hälfte davon versoffen. Das ist wie mit den Dornen: Es wächst was und es wird wieder erstickt.«

Jetzt nickte Maria. »Ich bin wie Stein. Es kommt nichts an bei mir. Ich verstehe das nicht. Im Grunde höre ich es, aber ich kann nichts verändern. Mein Leben ist sehr hart.«

»Der Boden in mir ist so dünn«, erzählte Aurelia. »Kaum kommt die Sonne, brennt alles ab. Ich hatte mir vorgenommen, mich mit der Nachbarin zu vertragen. Wir streiten uns immer. Letztes Mal hatte ich es mir fest vorgenommen. Und dann gehe ich hier nach unserer Versammlung um die Ecke, und da steht sie. Sofort läuft mir die Galle über, weil mir was einfällt, was sie gesagt hat, und gleich geht der Streit weiter. Aber ich will doch gutes Erdreich werden.«

»Ich hatte mir vorgenommen, nicht mehr die Kinder zu verdreschen. Das tue ich oft abends, wenn ich nach Hause komme, und alles ist unordentlich und die Kinder ärgern mich.«

Unvergesslich ist mir bis heute Juanita, die die ganze Zeit mit bleichem, verschlossenem Gesicht dasaß und nichts sagte. Und dann fing sie an: »Ich bin wie Stein. Ich habe das schon die ganze Zeit gemerkt, in der ich hierherkomme. Ich müsste verzeihen, meiner Mutter verzeihen. Sie hat mich aus dem Haus geworfen, als ich mit sechzehn schwanger war. Ich musste das Kind bei fremden Menschen auf dem Boden zur Welt bringen. Das kann ich ihr nicht verzeihen. Ich hasse sie. Und ich weiß, dass Gott will, dass ich ihr verzeihe, aber ich kann nicht. Ich habe den Teufel in mir.«

Wie aufrichtig die Menschen waren!

An diesem Abend saß ich stumm und beschämt zwischen den Menschen. Wie viel Wachstum und Entwicklung möglich waren, wenn man die Worte von Jesus als Spiegel für sein eigenes Leben nahm! Da hatte ich den Menschen von Gott erzählen wollen – und stattdessen brachten sie mir bei, wie man das Evangelium liest und aufrichtig in das eigene Leben überträgt.

Ich habe von diesen Menschen gelernt und diese Übung beibehalten: Jeden Morgen lesen wir – meine Mitschwestern, ich und alle, die uns an dem Tag besuchen – also ein Stück aus dem Neuen Testament. Dabei schauen wir in den Spiegel, den uns diese Geschichten entgegenhalten. Teresa, unser jüngstes Mitglied, hat es natürlich auch gelernt. Für sie wie für uns ist diese Lektüre der Schlüssel, um uns immer wieder den Sinn und die Liebe in unserem Leben zu erschließen. So sorgen wir dafür, dass der Alltag nicht zu einer Abfolge von leeren Pflichten wird, auf die wir zunehmend gereizter reagieren – sondern dass die Liebe bleiben kann.

MEINE EINLADUNG AN DICH:
GESTALTE DEINEN ALLTAG BUNT

Immer wieder innezuhalten und sich jeden Tag neu darauf zu besinnen, warum man dort ist, wo man lebt und arbeitet, das ist sozusagen der Pinsel, um Farbe ins Leben zu tupfen.

Wann wird dein Tag grau und eintönig?

Wie könnten die Farben der Liebe in deinem Alltag wieder durchschimmern? Das braucht oft nur ganz einfache, kleine Ideen. Oder eine Erinnerung.

Ein Beispiel: Es ist morgens, neun Minuten nach sieben, ein Kind findet seine Sportsachen nicht, das andere trödelt beim Frühstück. Beide müssen rechtzeitig zum Bus kommen. Die Schulbrote für die Kinder sind auch noch nicht gerichtet. Hektik pur – eine Situation, die wohl die meisten Eltern so oder ähnlich kennen. Das kann ganz schön anstrengend sein.

* Statt jetzt auf den kleinsten Zwischenfall gereizt zu reagieren, kannst du für eine Sekunde innehalten und dich beispielsweise an den letzten Moment erinnern, als dir wegen deines Kindes das Herz aufging. Oder als es das erste Mal vom Einmeterbrett gesprungen ist. Sofort wird sie da sein, diese tiefe Freude, welche Kinder in uns wachzurufen vermögen.

* Vielleicht gehst du dann noch einmal an den Kühlschrank – so viel Zeit gibt auch der stressigste Morgen her –, schneidest aus einer Scheibe Käse ein kleines Herz heraus und packst es oben auf das Pausenbrot.

Wo fühlst du dich eingeschränkt?

* Mach dir bewusst, was dich besonders einengt. Wenn es viel Verzicht ist, der dir die Farbe aus dem Leben stiehlt, dann hilft

es, wenn du dir klarmachst, wofür du dich ursprünglich eingeschränkt hast. Ein Haus, Kinder, mehr Zeit für die Familie, die
lang ersehnte Selbstständigkeit?

Was fehlt dir wirklich?

* Finde den wahren Wunsch, das eigentliche Bedürfnis heraus.
  Reisen zum Beispiel können für Abenteuer und Abwechslung
  stehen. Erfülle dir diesen Wunsch. Das geht, ganz ohne teure
  Kreuzfahrten. Nimm dir am Wochenende eine Landkarte deiner
  Umgebung, tippe mit dem Finger irgendwohin – und dann
  erkunde diesen Ort. Oder packe eine Decke und etwas Verpfle-
  gung ein und suche in der Natur ein Lager für eine Nacht.
* Jede kreative Idee, die du einfach ausprobierst, wird einen bunten
  Punkt auf die Wände deines Lebens malen!

Wenn ich weiß, dass ich liebe, bleibt mein Alltag leicht und bunt

Unser Leben wäre sehr schwer, wenn wir uns nicht immer
wieder daran erinnerten, warum wir etwas tun, warum wir hier
sind. Der eigentliche Sinn, weshalb wir hier sind, ist die Liebe.
Immer. Und die Liebe verbinde ich mit Gott, für mich ist das
ganz vertraut und normal. Aber erschrick jetzt nicht, wenn dir
das Wort Gott oder alles, was damit zu tun hat, fremd ist. Ich
meine nicht, dass jemand an Gott glauben muss. Schon gar
nicht so, wie ich an Gott glaube. Ich meine eher, dass es für
jeden Menschen, der glücklich leben möchte, gut ist, möglichst
bewusst zu leben. Bewusst mit sich verbunden zu sein und zugleich auf den anderen zu hören, in einer Beziehung, die beiden
guttut und die Gutes bewirkt für die anderen.

Verschenk dich, ohne auszubrennen

Es ist ohne Zweifel das Leiden unserer modernen Gesellschaft. Fast scheint es, als sei eine Epidemie in Gang gesetzt, der immer mehr Menschen zum Opfer fallen: Lehrer, Mütter, Polizisten, Ärzte, Priester, Manager – niemand ist vor einem Burn-out gefeit. Spätestens wenn Unzufriedenheit, Unruhe, bleierne Müdigkeit oder Erschöpfung die Menschen heimsuchen, ist es Zeit, genau hinzuschauen.

Traum und Wirklichkeit

Die Ursachen für das Burn-out-Syndrom sind vielfältig und schwer greifbar. Aber darum soll es in diesem Buch ja auch nicht gehen. Hier geht es vielmehr um die Liebe – und an dieser Stelle darum, was die Liebe mit Burn-out zu tun hat. Und da gibt es einen ganz zentralen Zusammenhang. Wenn wir uns Geschichten von einem Burn-out ansehen, finden wir beispielsweise Ärzte, die müde und kraftlos sind, oder Lehrer, die nur noch auf die Pensionierung warten. Bei genauer Betrachtung stellt man fest, dass hier irgendwann Traum und Wirklichkeit auseinandergedriftet sind. So wollen Lehrer aus Berufung ihren Schülern wirklich eine Bildung für Kopf und Herz angedeihen lassen – und nicht unter Zeitdruck ein viel zu großes Stoffpensum durchpauken müssen. Ärzte, die ihren Beruf lieben, wollen Menschen helfen und retten – und nicht Kranke dahingehend anschauen, ob ihr Einsatz auch nicht die Fallpauschale übersteigt! Diese Fremdbestimmtheit im eigentlich ersehnten Beruf schafft innere Spannungen, die enorme Kräfte verschleißen.

Den Sinn der Arbeit wiederfinden

Und um diesen Kräfteverschleiß geht es. Burn-out ist nur selten eine Frage des Zuviels, also der Quantität. Wäre es so, ginge es um Erschöpfung, nicht um Burn-out. Nein, es geht um das Wie, um die Qualität der Arbeit. Und es geht um den Sinn der Arbeit, denn ohne den läuft es gar nicht. Und der Sinn ist die Liebe. Wir sind alle aus der gleichen Liebe geboren. Wenn deutlich wird, was eigentlich das Anliegen am Beginn der Berufslaufbahn war, dann kann die Liebe auch wieder fließen. Wer den Sinn kennt, um dessentwillen er sich aus freien Stücken entschieden hat, genau diesen Weg zu gehen, der kann seine gegenwärtige Situation mit den Augen der Liebe anschauen und auch Herausforderungen leichter bewältigen. Vielleicht ist ja eine Kurskorrektur nötig geworden. Denn es ist möglich, sich zu verschenken, ohne auszubrennen.

»Die Kräfte der Liebe stehen allen Menschen zur Verfügung. Deshalb lade ich dich ein, in deiner Arbeit nie das Lieben zu vergessen, nie Dienst nach Vorschrift zu machen. Sobald du den Sinn, die Liebe spürst, wachsen dir neue Kräfte zu.«

Die Liebe, der Sinn
meines Lebens, schützt mich
vor einem Burn-out

Im August 2011 mussten wir uns mit einer furchtbaren Nachricht aus-
einandersetzen: Bei Fernando, dem Geschäftsführer von Cristo Vive
Chile, war ein hoch aggressiver Krebs diagnostiziert worden. Fernando war 1997 aus der Geschäftswelt zu uns gekommen. Kennengelernt
hatte ich ihn, weil eine liebe Freundin aus unserer Gemeinde sagte,
ihr Sohn wolle mich sprechen. Fernando hatte damals Extremsport
betrieben und war dabei verunglückt. Nun lag er im Krankenhaus und
dachte über sein Leben nach und was er damit anstellen wollte. Über
seine Mutter hatte er von unserer Arbeit erfahren.
Im Krankenhaus und später in der Phase der Rekonvaleszenz führten
wir viele Gespräche, über seine Arbeit als Manager und über Gott
und die Welt. In Fernando wuchsen das Interesse an unserer Arbeit
und der Wunsch, den Ärmsten unserer Gesellschaft zu dienen.
Fernando kam zunächst als Ehrenamtlicher, ab Ende des Jahres
2000 war er angestellter Mitarbeiter, bis er schließlich im Mai 2002
Verantwortung als Geschäftsführer für die Fundación Cristo Vive
übernahm. Dafür gab er einen sehr gut dotierten Managerposten
auf und stellte seine Fähigkeiten für wenig Geld dem Dienst für die
Ärmsten zur Verfügung.
Jetzt, nach der schrecklichen Diagnose, brach für Fernando eine
neue, ganz andere Zeit an. Mit großem Ernst und ungeheuren
Kräften widmete er sich der Bekämpfung seiner Krankheit, sowohl

schul- als auch alternativmedizinisch. Ich begleitete ihn oft und versuchte, ihm beizustehen, wo immer ich konnte. Das war das Wichtigste. Gleichzeitig musste ich meine Arbeit weiterführen und Fernandos Arbeit dazu – so lange, bis wir klarer sehen konnten. Ihr könnt euch vorstellen, dass das für uns alle keine leichte Situation war. Auf mich kam so viel mehr Arbeit zu, die eben einfach erledigt werden musste.

Auch als nach der Diagnose schon einige Monate ins Land gezogen waren, zeichnete sich keine Lösung ab. Fernando wollte nicht, dass wir seine Stelle, auch nicht vorübergehend, ausschrieben. Ich wurde von vielen Mitarbeitern bedrängt, es dennoch zu tun. Das wollte ich auch gerne, aber ich mochte Fernando nicht vorgreifen.

Wieder zu Kräften kommen

Im Februar – in Chile ist dann Hochsommer und Hauptferienzeit – beschloss ich, dass mein Urlaub im Büro stattfinden sollte und ich mich bei der Arbeit erholen würde. Das tat ich auch. Nach der Urlaubszeit schlug Jorge Fernandez, ein langjähriges Vorstandsmitglied der Cristo Vive in Chile, vor, ein Komitee einzuberufen und mir Arbeit abzunehmen. Zugleich beschlossen wir, einen Subdirektor einzustellen. So geschah es. Die Belastung wurde geringer, war aber natürlich immer noch viel höher als sonst. Fast überstieg sie manchmal meine Kräfte.

Wenn ich merke, dass eine Situation anfängt, mir zu viel zu werden, dann versuche ich, mich noch gewissenhafter als sonst zu regenerieren. Dazu muss ich mich auf die Kraft der Liebe besinnen. Sie ist in jedem von uns, und alle können lernen, sie zu nutzen. Ich nehme dazu unterschiedliche Wege. Manchmal, das ist sozusagen meine Notfallmaßnahme, wenn ich so richtig am Ende bin, wende ich mich an die Liebe selbst. Für mich sind Liebe und Gott nur zwei verschiedene Worte für ein und dasselbe. Ich schalte Gott, die Liebe, ein und sage: »Bitte, jetzt brauche ich Ruhe. Bitte sorge dafür, dass sich niemand im Flugzeug (oder im Bus oder wo auch immer) neben mich setzt und mich braucht.« Daraus entstehen mitunter die komischsten Situationen.

Einmal war ich im selben Flugzeug nach Chile unterwegs wie jemand, der sich schon in Europa mit mir treffen wollte und jetzt nach Chile flog, um mich dort aufzusuchen. Ich war so müde, dass ich zu Gott gesagt habe: »Lass mich schlafen diese Nacht, es geht nicht anders.« Und tatsächlich, ich habe wie ein Kind geschlummert, die Kräfte der Liebe haben dafür gesorgt, dass ich mich regenerieren konnte. Als die Maschine landete und wir alle aufstanden, um unser Handgepäck zu nehmen, rief ein Mann: »Sind Sie Schwester Karoline? Ich möchte Ihr Buch auf Spanisch verlegen.« Ich war ausgeruht und wir vereinbarten einen Termin. So konnte ich das Treffen morgens frisch und erholt an meinem Schreibtisch wahrnehmen. Wenn sich die Liebe in mir wieder auffüllt, so wie in dieser Situation, dann kann ich sie auch wieder zu den Menschen fließen lassen.

Zurück zur Quelle

Auch der Dienst, den wir tun, erschöpft uns. Deshalb brauche ich ganz dringend immer wieder kleine Zeiten der inneren Ruhe, in denen ich mich der Quelle der Liebe zuwenden kann. In denen ich Gott und mir selbst nahe bin, in denen ich mich wieder regeneriere. Das muss nicht viel sein. Zehn Minuten, in denen ich mich hinsetze, hinlege oder hinknie. Damit ich ganz leer werden kann, damit neuer Raum in mir entsteht. Damit die Kräfte nachfließen und innerlich aufsteigen können.

Denn das braucht es von Zeit zu Zeit. Wie oft klopft es an unserer Türe und jemand steht da und sagt: »Entschuldige, *Hermana*, dass ich störe.« Wenn ich antworte: »Aber dafür sind wir doch da! Du störst mich nicht!«, ist das Eis gebrochen. Die Menschen treten ein. Und das Erste, was oft passiert, ist, dass sie anfangen zu weinen. Dann nehme ich sie einfach in den Arm. Und ich weiß, es wird sich schon ein Weg finden, um aus der Not herauszukommen. Der Anfang ist jedenfalls gemacht. Das andere ergibt sich. Es ist so wichtig, dass ich sage: »Aber dafür sind wir doch da, du störst mich nicht.« Wie schrecklich wäre es, wenn ich etwas anderes fühlte und dächte! Denn ich bin doch ins Armenviertel gegangen, um für die Menschen da zu sein, weil ich das so wollte. Wie könnten die Menschen mich da stören?

Erschöpfung gehört zum Leben dazu

Dass ich müde bin, dass ich nach harter Anstrengung erschöpft bin, das ist einfach menschlich. Wenn ich schlafen kann, schlafe ich. Wenn ich müde bin und dennoch gebraucht werde, dann vertraue ich darauf, dass ich zur rechten Zeit genug Schlaf bekommen werde. Wenn ich nicht schlafen kann, schaue ich, wie ich über die Müdigkeit hinwegkommen kann. Oft kommen die Kräfte der Liebe dann wieder. Manchmal schlafe ich aber trotzdem ein, so unpassend die Situation auch sein mag. Das ist mir schon in Konferenzen passiert. Wenn das vorkommt, tja, dann ist es eben so. Wenn ich mich tragen lasse von meinem Vertrauen, dann ist jede Lösung die richtige. So kann ich mich gegen den Kräfteverschleiß schützen.

In der Zeit, als wir noch nicht wussten, wie es mit Fernando weitergeht und wie wir unter diesen Umständen unsere Aufgaben bewältigen können, haben wir Wege gefunden, alles, was für die Cristo Vive notwendig war, zu entscheiden und zu erledigen.

Fernando, unser Geschäftsführer, ist vor Kurzem gestorben. Umhegt von seiner Familie und begleitet von den Wünschen und Gedanken Hunderter Menschen.

MEINE EINLADUNG AN DICH:
HAB KEINE ANGST, DICH ZU VERSCHENKEN

Nichts gibt uns so viel Vertrauen und schenkt uns so viel Kraft wie die Gewissheit, an dem Ort zu sein, an dem wir immer sein wollten, die Arbeit zu machen, die wir immer tun wollten, mit den Menschen zusammen zu sein, die wir lieben, und den Sinn unseres Lebens gefunden zu haben.

Die eigene Arbeit als Liebesdienst betrachten

Denken wir an jemanden, der »Dienst nach Vorschrift« macht. Er erledigt seine Aufgabe und wird dafür bezahlt. Er muss einen bestimmten Einsatz bringen. Aber wenn er das tagaus, tagein macht, kann die Arbeit monoton werden. Allein das verschlingt Kräfte. Wenn dann etwas außerhalb der Reihe auftaucht, ohne dass er dafür entlohnt wird, kann es passieren, dass er nicht bereit ist, auch nur einen Finger dafür zu rühren.

Wenn es dir manchmal auch so geht, dann hilft es, die Dinge mit den Augen der Liebe anzuschauen. Stell dir eine Schalterhalle mit langen Schlangen vor. Für die Situation, dass der einzelne Schalterbeamte für so viele Menschen seinen Dienst tun muss, werden andere verantwortlich sein. Aber wenn er bei seiner Arbeit am Schalter verbittert, macht ihn das hart, und das kostet ihn enorm viel Kraft. Wenn er aber den gleichen Dienst mit Liebe versieht, bringt ihm das Energie und verleiht ihm eine positive Ausstrahlung.

* Man kann jemandem auch in der Haltung der Liebe ein Formular aushändigen: indem man ihm dabei freundlich und liebevoll in die Augen sieht. Das ist es, was alles verändert, und zwar überall, wo man es mit Menschen zu tun hat.

* Wenn du dir gestattest, so zu arbeiten, dann verschenkst du deine Liebe, du verschenkst dich. Du darfst dir die Liebe aber

nicht wie eine Kerze vorstellen, bei der Docht und Wachs endlich sind. Nein, die Liebe ist wie eine Öllampe, gespeist von Gottes unendlicher Liebe. Wer so liebend arbeitet, verschenkt sich, **ohne auszubrennen.**

Wenn ich in Kontakt mit mir bin, kann ich nicht ausbrennen

Ein wichtiger Schutz gegen Burn-out ist es für mich, zu schauen: Wie mache ich meine Arbeit, wie bin ich in Kontakt mit mir und den Menschen um mich herum? Wenn ich in Verbindung mit meinem Herzen bin, kann ich mich auch immer zurückbesinnen auf den Sinn, auf die Liebe, darauf, warum ich da bin.

Natürlich bin ich manches Mal müde und erschöpft und kann über das Umarmen und Willkommenheißen eines Hilfe suchenden Menschen hinaus nicht sofort konkrete Schritte unternehmen. So häufig wird nachts bei uns geklopft, wenn jemand stirbt zum Beispiel. Die Siedlung ist groß, nicht selten kommt das drei, vier Mal die Woche vor. Manchmal, wenn es dann klopft, bin ich einfach zu müde, um direkt ein Gespräch zu führen. Ich höre mir an, worum es geht, und überlege, wann wir darüber sprechen können. Und dann sage ich: »Jetzt geht es nicht, aber komm morgen oder nächste Woche wieder. Dann sehen wir, was wir tun können.«

Oft ist es aber auch ganz anders: Es klopft, jemand steht mit seiner Not vor mir, und auf einmal leuchtet etwas auf in meinem Herzen, ich bin einfach da und alle Kräfte auch. Die Liebe hat sie einfach mit sich gebracht, unabhängig davon, ob ich genügend Schlaf bekommen habe oder nicht.

Sei nicht

entmutigt, wenn du ausgenutzt wirst

Menschen, die sich für andere einsetzen, können das nur tun, wenn sie vorher ihr Herz geöffnet haben. Doch ein offenes Herz ist besonders verwundbar. Deshalb fühlen sich diejenigen tief verletzt, die geholfen haben und dann ausgenutzt oder belogen wurden.

Enttäuschungen gehören zum Leben

Da ist der junge Mann aus der Nachbarschaft. Du kennst ihn seit vielen Jahren, hast miterlebt, wie er groß geworden ist. Jetzt hat er einen Unfall gehabt, sein Auto hat einen Totalschaden. Du weißt, die Eltern können gerade nicht aushelfen. Er braucht aber ein Auto, schon um zur Arbeit zu kommen, das ist auf dem Land oft so. Du bietest ihm für eine Übergangszeit dein Auto an. Die paar Male, die du es brauchst, könnt ihr euch ja miteinander absprechen, denkst du. Der junge Mann freut sich sehr und nimmt das Angebot dankend an. Aber als du das Auto am Wochenende benötigst, fliegen überall

Verpackungsmüll von Fast Food und leere Flaschen herum. Du bist sauer und enttäuscht. Das Auto gibst du nicht mehr heraus.

Die Kunst, angemessen zu reagieren

Der getrennt lebende Vater sucht seine Schwägerin auf. Seiner Ex-Frau dürfe er damit ja gar nicht kommen, aber er wolle dem gemeinsamen Sohn, ihrem Neffen, gern einen Sprachkurs in England schenken. Durch die Trennung, den Unterhalt, die eigene Wohnung reiche das Geld aber beim besten Willen nicht für den schon versprochenen Kurs. Ob die Schwägerin nicht ausnahmsweise einmal aushelfen könne?

Der liegt ihr Neffe schon am Herzen. Der Sprachkurs soll 2500 Euro kosten. Die hat sie freilich auch nicht einfach herumliegen. Aber sie könnte einen Sparvertrag auflösen, dann wäre das Geld in drei Monaten frei. Von der Zeit her reicht das und der Schwager geht frohgemut von dannen. Die beiden haben vereinbart, dass er ihr das Geld in 25 Raten zurückzahlt.

Doch es kommt anders. Die Schwägerin sieht das Geld nie wieder: Der Schwager hat sie angelogen, er brauchte das Geld in Wirklichkeit, um Spielschulden aus einer Pokerrunde zu bezahlen. So hat er verzweifelt versucht, eine Privatinsolvenz abzuwenden. Das ist ihm nicht nur nicht geglückt, er verliert auch für die Zukunft die Schwägerin als Freundin.

Niemand ist davor gefeit, solche oder ähnliche Enttäuschungen zu erleben, belogen oder ausgenutzt zu werden. Die Kunst besteht darin, die Enttäuschung zu verarbeiten, ohne das eigene Herz dauerhaft zu verschließen.

»Die Liebe bleibt, die Hilfe nicht. Das ist mein Heilmittel geworden gegen Enttäuschungen, die unvermeidlich sind.«

Aurora zerrt mich
vor das Arbeitsgericht

Es ist eine schmerzliche Erfahrung, die ich jetzt mit euch teilen will.
Viele Jahre hat Aurora mit uns gelebt. Im Januar 1974 war sie zu uns
gekommen, hatte im Kindergarten »Naciente«, das heißt »aufgehen-
de Sonne«, mitgearbeitet. Aurora war noch eine ganz junge Frau. Sie
stammte aus einem kleinen Dorf und hatte einen unehelichen Sohn
namens Gabriel. Damals wurden solche Frauen sozial geächtet – leider wurden sie ja auch von der Kirche als Sünderinnen betrachtet.

Eine Berufsperspektive für Frauen

1979 haben wir eine Schule ins Leben gerufen, und alle Frauen aus
dem Armenviertel, die in all den Jahren bei uns mitgemacht hatten,
konnten hier den Beruf der Erzieherin, der Altenpflegerin oder der
Köchin lernen. Die Frauen bekamen weiter ein Gehalt – sie gingen
halbtags zur Schule, die andere Hälfte des Tages arbeiteten sie. Ab
1981 konnten wir erreichen, dass alle Frauen richtige Arbeitsverträge
bekamen und Sozialabgaben für sie bezahlt wurden.

Aurora holte zuerst das achte Schuljahr nach und begann dann mit
der Ausbildung zur Kindergärtnerin, blieb allerdings nicht lange
dabei. Nun ging es darum, was aus ihr werden sollte: Die Küche war
ihr zu wenig – also die Altenpflege? Ja, nein, wieder nein … Aurora
konnte sich zu nichts durchringen. Mir lag sie sehr am Herzen, mehr
als den anderen. Sie war für mich eine der Frauen der ersten Stunde.

Schließlich wurde Aurora, nachdem sie eine Weile einen Job gehabt hatte, arbeitslos. Sie suchte ein wenig – und ehe ich michs versah, hatte ich einen Brief mit einer Anzeige vom Arbeitsgericht auf der Türschwelle liegen. Von Aurora! Sie hatte mich angezeigt und mich auf die nachträgliche Zahlung von Sozialversicherungsbeiträgen verklagt. Niemand von unseren Mitarbeitern hatte sie damals bekommen, erst als wir etwas mehr Geld hatten, konnten wir Sozialabgaben zahlen – und dann zahlten wir sie auch sofort.

Es war im Advent 1981. Wir befanden uns mitten in der Zeit der Diktatur. Unser Rechtsanwalt, den ich zurate zog, gab mir die denkbar schlechteste Prognose: »Diesen Fall wirst du verlieren, *Hermana* Karolina. Ich kann dir nichts anderes sagen.«

Was sollte ich tun? Alles Mögliche konnte sich hieraus entwickeln, schlimmstenfalls ein Präzedenzfall, dem andere folgen würden. Ich beschloss, alles, auch meine Verteidigung, selbst zu übernehmen.

Eine enorme Bitterkeit erfasste mich. Mit so viel Liebe und Fürsorge hatten wir für Aurora gesorgt, ihren Sohn mit großgezogen, ihr alles geschenkt, was wir geben konnten. Überhaupt hatten wir in unserem winzigen Häuschen alles mit ihr geteilt. Weihnachten, das Fest der Liebe, das vor der Tür stand, war mir schon im Vorhinein vergällt. Ich war so verletzt, traurig und enttäuscht. In unserer kleinen Kapelle lag ich auf den Knien, heulte, tobte und schrie. »Gott, jetzt brauche ich dich. Wenn du willst, dass ich Weihnachten feiern kann, dann tu was. Hier hast du ein Paket. Mein Weihnachtspaket für dich!« Alle Wut, Bitterkeit und Enttäuschung über Aurora hatte ich im Geiste in ein »Paket« gepackt, das ich jetzt Gott im Gebet hinhielt. »Nimm es, tu etwas damit. Sorge dafür, dass es verschwindet. Sonst weiß ich nicht, wie ich Weihnachten feiern soll.« Auf diese Weise konnte ich wenigstens wieder durchatmen. Das »Paket« ließ ich in der Kapelle und hütete mich, es wieder aufzuschnüren.

Der Prozess sollte noch vor Weihnachten stattfinden. Jemand hatte
mir geflüstert, Aurora sei die Geliebte eines Sicherheitsmannes des
Diktators General Pinochet geworden.

Das konnte ich nicht so richtig glauben – hatte sie nicht all die Jahre
erlebt, was Militär und Geheimdienst unter den Menschen anrich-
teten? Hatte sie nicht hautnah meine Verhaftung mitbekommen,
als die Leute vom Geheimdienst in der Nacht in unser Häuschen
gedrungen waren, alles durchsucht und auf den Kopf gestellt hatten?
Als sie mich dann zum Verhör abführten, war ich mehr in Sorge um
Aurora und die anderen Mitbewohnerinnen gewesen als um mich.
Schließlich konnte man mich als Ausländerin nicht so leicht aus der
Welt schaffen. Das Schicksal der anderen konnte aber unter Umständen viel schlimmer aussehen, wenn diese Herren zurückkämen und
sie mitnehmen würden.

Eine energische Richterin

Dann kam der Tag des Gerichtstermins. Und tatsächlich: Vor mir
schritt Aurora am Arm eines Militärs, der eine Schusswaffe an der
Hüfte trug. Schließlich wurden wir aufgerufen. Die Richterin zitierte
nur uns beide herein. In einem langen Brief hatte ich dem Gericht
den Fall aus meiner Sicht geschildert. Das war meine ganze Verteidigung, auf einen Rechtsanwalt hatte ich ja verzichtet.

Ich war auf vieles gefasst, aber nicht auf das, was dann passierte:
Die Richterin sah mich – und hob zu einer endlosen Tirade an. Sie
schimpfte und schimpfte und schimpfte mit mir: »Sie haben dieser
Frau alle diese Möglichkeiten gegeben, Sie waren unendlich blau-
äugig. Sie hätten diese Frau behandeln sollen wie eine Hausangestellte. Sie hätten sie erziehen können. Nein, Sie hätten sie erziehen
müssen! Ein Lohn als Hausangestellte, das wäre Sie billiger, viel
billiger gekommen als das, was Sie gemacht haben.«

Mir blieb die Spucke weg. Die Richterin schimpfte mit mir, nicht mit Aurora? Aber sie war noch nicht fertig. Jetzt wandte sie sich an Aurora: »Und Sie? Sie haben sich unverschämt benommen! Sie haben alles genommen, alles. Über so viele Jahre haben Sie Hilfe und Hilfe und Hilfe angenommen. Und jetzt? Jetzt kommen Sie und verlangen noch mehr! Was denken Sie sich eigentlich? Hat Ihnen niemand Anstand beigebracht?«

Die Richterin hatte uns nach Strich und Faden zusammengestaucht. Und beide brachten wir kein Wort heraus. Dann kam sie zum Schluss. An mich gerichtet sagte sie: »Sie? Sie werden lernen, wie man mit Leuten umgeht und sich nicht schamlos ausnützen lässt.« Dann sagte sie zu Aurora: »Und Sie, Sie werden lernen, wie man sich benimmt, wenn einem beigestanden wird.« Sie holte kurz Luft und schloss mit: »Das war's, jetzt beide raus! Sofort!«

Und das Paket?

Völlig verdattert fand ich mich auf der Straße wieder. Ich spürte augenblicklich: Das Paket war weg. Es war von meiner Seele, aus meinem Herzen geräumt, es war einfach weg! Weihnachten konnte meinethalben kommen!

Aurora habe ich danach lange nicht mehr gesehen, sie hat sich einfach nicht mehr blicken lassen. Wahrscheinlich konnte sie sich gar nicht vorstellen, wie schrecklich diese Situation für mich war. Und ich begriff, dass sie dem Geliebten in die Falle gegangen war – er hatte sie benutzt, um mir zu schaden.

Erst Jahre später kam sie wieder. Nie hat sie ein Wort über die ganze Angelegenheit verloren. Ich merkte, dass sie nicht fähig war, darüber zu reden. Bei mir selbst spürte ich, dass ich nichts zu verzeihen hatte. Jetzt fühlte ich mehr ihren Schmerz. Heute kommt sie immer mal wieder und lässt sich umarmen.

MEINE EINLADUNG AN DICH:
RÄUME DIR ÄRGER VON DER SEELE

Von jemandem verklagt zu werden, der jahrelang in der eigenen Wohnung mit gewohnt hat und der einem so nahestand – das ist starker Tobak. Es ist sehr schwierig, in so einer Situation nicht nachtragend zu sein. Wenn es um kleinere Enttäuschungen geht und wenn die erste Wut verraucht ist, können wir versuchen, gelassen zu bleiben. Mit der Zeit wird uns das auch in größeren Angelegenheiten gelingen.

Was braucht dein Herz, um wieder zu heilen?

Wer hintergangen worden ist oder enttäuscht oder gar betrogen, der ist wütend und verletzt. Diese Gefühle sollen und dürfen nicht einfach verschwinden, schon gar nicht unter dem Mäntelchen der Nächstenliebe, die alles verzeiht! Nein, diese Gefühle brauchen Raum. Fürs Erste. Denn es ist nicht gut, sich von der Wut beherrschen zu lassen. Das Herz soll schließlich heilen und keinen Schaden nehmen. Was also tun?

Nehmen wir einmal an, jemand empfindet Bitterkeit und Groll darüber, dass er im Testament nicht stärker berücksichtigt worden ist als der Bruder, der sich nie um die Pflege des Vaters gekümmert hat. Er kann den Ärger in ein gedankliches Paket packen, es fest verschnüren – und dann ab damit, sodass sichergestellt ist, dass er für alles Weitere nicht mehr zuständig ist. Dieses Loslassen des Pakets ist dabei das Wichtigste.

Das gilt erst recht für den bitteren Verrat unter Freunden. Jahrelang hat eine Frau ihre Freundin in schwierigen Zeiten unterstützt: mit Zeit, Geld und praktischer Hilfe. Was für ein Schock, als sie herausfindet, dass die Freundin sie mit ihrem Mann betrügt! Da ist es besonders wichtig, sich die tiefe Enttäuschung in einem großen Paket verschnürt von der Seele zu räumen.

* Du kannst alles, was dich belastet, in Gedanken in ein Paket packen und dich, wenn du willst, damit an Gott beziehungsweise an eine wie auch immer geartete höhere Instanz wenden. Das ist eine Möglichkeit, dir Luft zu verschaffen und durchzuatmen. Dann kannst du den Blick nach vorne richten und dich wieder anderen Dingen im Leben zuwenden.

* Zerbrich dir nicht den Kopf über denjenigen, der dich übervorteilt oder in anderer Weise enttäuscht hat. Er ist selbst verantwortlich für das, was er getan hat, und muss die Konsequenzen tragen.

Wenn ich ausgenutzt werde, ziehe ich meine Konsequenzen

Viele Male habe ich Enttäuschungen erlebt. Besonders viel habe ich durch den Umgang mit Drogenkranken gelernt. Bei ihnen halte ich mich an meinen ehernen Grundsatz, den ich mir unter viel Kummer angeeignet habe. Sobald jemand einmal Hilfe bekommen, diese aber nicht genutzt hat, gilt: Die Liebe bleibt, die materielle Hilfe nicht. Das heißt, ich bin weiter für die jungen Männer da, höre zu, denke mit und tröste, aber materielle Hilfe – eine Ausnahme mache ich nur mit Nahrungsmitteln, wenn jemand hungert –, Geld und konkrete Unterstützung wie beispielsweise eine Arbeitsvermittlung gibt es erst wieder, wenn die Betreffenden selbst ihre Sucht bekämpfen wollen. Eine solche Vorgehensweise ist vor allem dann wichtig, wenn die Suchtkranken ihre Manipulationen einsetzen, indem sie einem zum Beispiel ein schlechtes Gewissen bereiten. Das hilft niemandem und das darf man nicht zulassen.

Bleib in der Liebe, auch wenn jemand einen Fehler macht

Lieben, das klingt nach Rosen und Herzen und Glück, nach ganz großen Gefühlen eben. Hingegen braucht es bei Fehlern, Verfehlungen und erst recht, wenn es um Dinge geht, die vor Gericht verhandelt werden müssen, Grenzen, Konsequenzen, Maßnahmen. Lässt sich das miteinander vereinbaren?

Ja, das geht. Weil das eine der Fehler beziehungsweise die Verfehlung ist und das andere der Mensch, der den Fehler begangen hat. Und Menschen sehnen sich immer danach, geliebt zu werden. Vielleicht am meisten dann, wenn sie einen gravierenden Fehler gemacht haben.

Die große Enttäuschung

Eine Elterninitiative betreibt einen Kindergarten. Es gibt strenge Aufnahmekriterien und regelrechte Vorstellungsgespräche. Konsens ist: Niemand soll ausgeschlossen werden. Die Kassenwartin folgt diesem Anspruch besonders rigide. Bis es auf einmal um die Aufnahme der Tochter einer Freundin geht. Die Kassenwartin erzählt nichts über ihre private Beziehung zu der Mutter und macht andere Bewerber schlecht. Erst als die Tochter der Freundin aufgenommen ist, wird deutlich, welch falsches Spiel die Kassenwartin gespielt hat. Die anderen Eltern sind erschüttert und entsetzt: Wie konnte in ihrem Bullerbü-Kindergarten so ein Vertrauensbruch passieren?

»Mit den Augen der Liebe kann ich den Menschen sehen.«

Aber auch im engsten Familienkreis kann so etwas geschehen. Etwa wenn der pubertierende Sohn verbotenerweise an den Computer des Vaters geht. Abends will der Vater noch seine E-Mails checken. Der Computer bleibt schwarz und fährt gar nicht erst hoch. Er hat einen Verdacht und geht zu seinem Sohn: »Sag mal, warst du am Computer? Da tut sich gar nichts!« Der Sohn wird kreidebleich. Nach und nach kommt heraus: Er hat am Nachmittag ein Spiel heruntergeladen. Auf einmal blinkte ein großes Dreieck mit einem Ausrufezeichen. Da habe er den PC vor lauter Angst ausgeschaltet. Jetzt ist die Festplatte hinüber, das Spiel war mit einem Virus verseucht. Wie oft hatten sie darüber gesprochen, dass er nicht ohne Erlaubnis an den Computer gehen dürfe und dass das Herunterladen von Spielen ein absolutes Tabu sei!

In der Liebe bleiben

Ein Vertrauensbruch – ob zwischen Freunden, Partnern, Eltern und Kindern oder zwischen Kollegen – bringt immer Enttäuschung und Schmerz mit sich. Jeder macht Fehler, mal sind wir es, mal die anderen. Wenn wir von einem Fehler betroffen sind, der einem anderen unterlaufen ist, dann ist es besonders wichtig, auf das eigene Herz zu achten. Darauf, dass die Wunden heilen können und die Liebe zu dem Menschen bleibt, obwohl man dessen Fehler verurteilt.

Wie Ivo im
»Haus des Herzens«
15 000 Euro veruntreut

Diese Geschichte ereignete sich im peruanischen Cusco, wo wir im Jahr 2003 das jüngste »Kind« unserer Cristo-Vive-Familie gegründet haben: die CVP, die Cristo Vive Peru. Sie ist schnell gewachsen und arbeitet heute in sozialen Projekten in Cusco selbst wie auch im Hochland, in dem Dorf Yuncaypata. Das wichtigste Projekt ist im Moment das Frauenhaus in Cusco, in dem Opfer von Gewalt in der Familie Aufnahme finden. Im April 2012 konnten wir den Neubau »Sonqi Wasi« fertigstellen. Der Name kommt aus dem Qechua, der Sprache der indigenen Andenbevölkerung, und heißt »Haus des Herzens«. Hier können bis zu zwölf Frauen mit ihren Kindern eine Zeit lang leben und sich von häuslicher Gewalt, sexuellem Missbrauch und extremer Armut erholen.

Ivo, ein junger Mann aus bescheidenen, aber nicht ärmlichen Verhältnissen, der schnell sozial aufgestiegen war, kam mit uns in Kontakt, als er Ende zwanzig war. Er war Buchprüfer. Das ist in Peru ein Universitätsstudium, das auf der Ausbildung zum Buchhalter aufbaut. Ivo war bei einer kirchlichen Stiftung in Cusco für die Buchprüfung verantwortlich und ein fleißiger und liebenswürdiger junger Mann. Zusammen mit seiner Verlobten lernte er unsere Arbeit kennen. Die beiden begeisterten sich dafür und wollten sich in ihrer Freizeit einbringen. Ivo wurde in den Vorstand aufgenommen und übernahm die Buchprüfung. Als unsere erste Geschäftsführerin uns verließ, übernahm Ivo ehrenamtlich die Nachfolge. Die ersten Jahre machte er das sehr gut. Die Bilanzen stimmten auf Heller und Pfennig. Aber auf einmal – ich war zu Besuch in Cusco und schaute die Jahresbilanzen durch – ging mein Alarmsystem an: Die Zahlen waren falsch, es fehlte Geld.

Ein eindeutiger Verdacht

Es begann eine schwierige Phase. Der Vorstand wollte Zeit haben, um die Dinge zu klären. Was mir auffiel: Ivo wollte Zeit, die anderen Klärung. Nach ein paar Monaten war unsere Geduld erschöpft. Wir übergaben die Bilanzen einer unabhängigen Buchprüfung. Das Resultat: 15 000 Euro fehlten! Die Bankauszüge belegten, dass Ivo das Geld abgehoben, es aber nicht in die Kasse der Stiftung überführt hatte. Ivo war für das Verschwinden des Geldes verantwortlich. Doch er wand sich, so gut es ging, und wies alle Vorwürfe von sich. »Ivo«, sagte ich ihm, »du bist ein guter Mensch und du wirst niemals unsere Zuneigung verlieren. Aber sei es, wie es sei, du bist für das Geld verantwortlich und du musst es ersetzen.«
Die anderen Vorstandsmitglieder waren aufgrund dieses Vorfalles geschockt und bodenlos enttäuscht. Es passiert in Peru so schrecklich oft, dass jemand Geld veruntreut. Das ist quasi Normalität. Bei uns sollte es jedoch anders zugehen!
Wir redeten im Vorstand viel darüber, und ich wiederholte zwei Dinge beständig: »Zwei und zwei sind vier, nicht drei, nicht fünf. Die Zahlen sprechen eine einfache Sprache. Wer Spendengelder verwaltet, muss immer deren Verwendung nachweisen können, immer. Oder den Schaden ersetzen. Dazwischen gibt es nichts. Aber, zum Zweiten, und das ist genauso wichtig, Ivo kann getan haben, was er will. Niemals wird er bei uns seine Würde verlieren. Niemals.« Die zweite Vorgabe war für die Mitarbeiter nicht leicht einzuhalten.

»Kein böses Wort zu Ivo«, verlangte ich. »Es geht um die Sache, nicht um die Person.« Denn ich wusste: Jedes böse Wort würde nur Ivos Herz verhärten. Davon hatte niemand etwas.

»Ivo soll sich nicht auch noch als Opfer fühlen können. Er muss merken, dass dieses Verhalten nicht mit seiner und nicht mit unserer Integrität zu vereinbaren ist.« Ich verlangte viel von den Mitarbeitern, das wusste ich. Aber es war und ist meine tiefe Überzeugung, dass alle gewinnen, wenn wir nicht zulassen, dass aus Verletzungen eine Demütigung wird.

Keine Reaktion

Ivo bewegte sich gar nicht und zerrte uns so in einen Nervenkrieg. Schließlich setzten wir ihm ein Ultimatum: Falls das Geld nicht bis zu einem bestimmten Datum auf unserem Konto sei, würde eine Notarin, die von uns alle erforderlichen Unterlagen bekommen hatte, zum Gericht gehen und Ivo anzeigen.

Mir blutete das Herz: Eine Anzeige hätte unweigerlich eine Verurteilung nach sich gezogen. Inzwischen hatte Ivo nicht nur eine gute Stelle bei der kirchlichen Stiftung, hatte seine Verlobte geheiratet und war Vater einer kleinen Tochter. Zudem hatte er auch eine angesehene Stellung in der Stadt. Er war zum Beispiel Präsident der berufsständischen Vereinigung der Buchprüfer in Cusco. Mit einer Anzeige hätte er nie mehr ein Bein auf den Boden bekommen. Zum Schaden – und zum Gefängnis – wären noch Hohn und Spott über ihm ausgeschüttet worden. Wir wussten: Ivos Existenz wäre vernichtet. Nein, ich wollte Ivo die Anzeige ersparen. Aber dafür musste er uns das Geld zurückgeben.

Ivo zahlte nicht. Wir hatten so viele Gespräche. Wie zu einer Wand redete ich: »Ich sage es dir immer wieder, weil es stimmt: Du bist ein guter Mensch, Ivo. Das weiß ich, das wissen wir alle. Aber ich weiß auch: Das Geld fehlt. Nur du kannst es genommen haben. Und du musst es ersetzen. Dabei werde ich dich immer respektieren. Ich schätze deine Arbeit. Wir sehen auch, wie viel du geleistet hast. Für die letzten Jahre wollen wir dir rückwirkend einen Solidaritätsbeitrag zukommen lassen. Der wird sich auf knapp 3000 Euro belaufen. Diesen Betrag ziehen wir ab. Den Rest musst du ersetzen.«

All diese Gespräche änderten nichts, auch wenn der gesetzte Termin immer näher rückte. Ivo musste wissen, dass wir ernst machen würden. Aber er zahlte nicht.

»Ivo, wenn du es nicht machst, verlierst du meine Freundschaft nicht. Aber du wirst dennoch verlieren. Du wirst deine Familie und deine Ehre verlieren. Und du weißt das.«

Unsere Versäumnisse

Buchstäblich in der letzten Stunde, bevor die Notarin den Vorfall automatisch dem Gericht gemeldet hätte, ging das Geld auf unserem Konto ein. Ivo hatte gespürt, dass wir ihn trotz seines Vergehens nicht verurteilten, dass seine Würde gewahrt blieb. Er verstand, dass er für seinen Fehler geradestehen musste. Tatsächlich sind wir nach diesem Vorfall immer mit ihm in Verbindung geblieben.

Mit den Mitarbeitern habe ich überlegt, was unser Anteil daran war, dass es so weit hatte kommen können. Der Vorstand hatte nicht genau genug hingeschaut, so viel war sicher, und unser System hatte zugelassen, dass die Dinge nicht richtig registriert wurden. Wir hatten es versäumt, unserer Aufsichtspflicht nachzukommen. Ivo war nicht alleine schuld. Wir mussten unseren Teil der Verantwortung übernehmen.

Bis heute hat sich die Cristo Vive Peru nicht ganz von diesem Vertrauensbruch erholt: Bei allen finanziellen Dingen herrscht eine ungeheure Sorgfalt, fast ein wenig übertrieben.

MEINE EINLADUNG AN DICH:
SEI LIEBEVOLL IM UMGANG MIT FEHLERN

Solange wir Menschen sind, werden wir Fehler machen. Vielleicht nicht immer so gravierende wie in Ivos Fall. Aber auch dann müssen alle einen Weg finden, gut miteinander umzugehen. Das gelingt einfacher, wenn sich alle bemühen, ihren Anteil am Geschehen herauszufinden.

Was habe ich dazu beigetragen?

Was hat den Vorfall überhaupt erst ermöglicht? Diese Überlegung mag dich vielleicht zuerst befremden: »Wie, jetzt soll ich, das Opfer, mir auch noch Gedanken darüber machen, was mein Anteil war?« Doch nur so kommst du weiter. Frage dich aufrichtig, ob etwas an deinem Verhalten die Tat begünstigt hat. Vielleicht hast du etwas unterlassen. Etwa wenn sich dein Partner immer um die Finanzen gekümmert hat – und du am Ende mithaften musst, wenn etwas schiefgelaufen ist.

* Denken wir noch einmal an das Beispiel vom ersten Teil dieses Kapitels. Da hilft es den Eltern – nachdem sie dafür gesorgt haben, dass der Sohn die Reparaturkosten für den Computer abstottert! –, sich zu fragen: Wie konnte er das Verbot so ignorieren? Was ist da schiefgelaufen? Und natürlich sollten die Eltern immer wieder das Gespräch mit dem Heranwachsenden suchen, so vorurteilsfrei wie möglich.

Keine bösen Worte!

Es ist schwer, die Tat von der Person zu trennen. Aber nur so kann die Liebe im Spiel bleiben. Es geht nicht um die ersten im Zorn gesagten Worte. Die dürfen fallen. Es geht um die Haltung dem Menschen gegenüber, der den Fehler gemacht, der das Vertrauen gebrochen hat. Das verlangt uns viel ab, denn es bedeutet, die eigenen, verletzten Gefühle zurückzustellen. Aber es hat viele Vorteile:

* Der Täter kann sich nicht auch noch als Opfer fühlen, weil er jetzt vielleicht ungerecht behandelt, angeschrien oder ausgegrenzt wird. Er kann nicht ausweichen, sondern ist auf seine Tat zurückgeworfen. So ist die Wahrscheinlichkeit viel größer, dass erfolgreich über Wiedergutmachung und Schadensausgleich geredet werden kann.

So gehe ich mit den Fehlern anderer Menschen um

Bei meinen Mitarbeitern achte ich darauf, dass sie nie Angst davor haben, ein Versehen, ein Versäumnis oder einen Fehler zu benennen. Natürlich ist es nicht leicht, einen Fehler zuzugeben, wenn man zum Beispiel ein wichtiges Formular übersehen oder vergessen hat, eine Zahlungsanweisung zur Unterschrift zu reichen. Irgendwann fällt der Fehler auf – und jetzt müssen andere Mitarbeiter oder ich selbst helfen, die Dinge wieder in Ordnung zu bringen.

Ich sehe zu, dass die Mitarbeiter, wenn das vorkommt, nie das Gefühl haben müssen, mich zu belästigen, wenn sie mich ansprechen. Ich will sie nicht rüffeln – warum auch, ich weiß ja, dass sie ihre Verantwortung spüren. Meine Mitarbeiter sollen sich trauen können, auf mich zuzugehen, und sich keine Sorgen machen, wenn sie etwas falsch gemacht haben. Ich wünsche mir, dass sie ihrerseits genauso mit den anderen umgehen: mit denjenigen, die einfach nur ungelegen kommen, und auch mit denjenigen, denen ein Fehler unterlaufen ist. Statt mürrisch und hart zu sein, sollen sie freundlich reagieren.

Trau dich

und begehr auf

Aufbegehren? Wogegen denn? Die Menschen in Mitteleuropa leben in Verhältnissen, die es so schon lange nicht mehr, vielleicht noch nie gegeben hat. Seit bald 70 Jahren gab es keinen Krieg mehr, keine Bomben, keine Flucht, keinen Hunger. Derart stabile Zeiten sind ein Wunder – das kann man mit Blick auf andere Zeiten und auf andere Gegenden in der Welt schnell feststellen. Es gibt keinen Diktator und man braucht keine Angst zu haben, nachts ins Gefängnis gebracht zu werden. Kurzum: Die Menschen hier haben vielleicht noch nie so wenig Grund gehabt, aufzubegehren, wie zurzeit. Warum also, um Himmels willen, sollten sie übers Aufbegehren nachdenken?

Es geht nicht immer gerecht zu

Jeder Mensch trägt ein Gefühl von Gerechtigkeit in sich und spürt, wenn er selbst oder ein anderer Mensch Schaden erleidet. Dagegen sollten wir zum Beispiel aufbegehren. Es geht gar nicht so sehr um die ganz großen, mutigen Taten – etwa an einer S-Bahn-Haltestelle zwischen pöbelnde Jugendliche zu gehen, die jemanden belästigen. Da kann es schon etwas bringen, nicht wegzuschauen und diskret mit dem eigenen Handy die Polizei zu benachrichtigen.

Denk doch einfach an solche alltäglichen Fälle: Der Kollege wird ungerechterweise wegen eines Fehlers, für den er gar nicht verantwortlich zeichnet, in der Konferenz angekeilt, und keiner widerspricht. Mütter von Grundschulkindern schneiden andere Mütter und geben Informationen nicht weiter – und eine Mutter, die dagegen aufbegehrt, wird gleich mit geschnitten.

Dir werden sicherlich weitere Beispiele einfallen, wo du deutlich gespürt hast: Was hier passiert, ist ungerecht. Wir müssen keine Helden sein, es braucht nur etwas Zivilcourage. Wenigstens die aufzubringen, wäre allerdings gut, damit wir demnächst nicht wieder Helden brauchen!

Auch eine Art zu lieben

Fürs Erste reicht es, nicht vor lauter Angst das Gefühl für Gerechtigkeit in uns zu ersticken, sondern ihm zu folgen und uns zu trauen, aufzubegehren gegen Unrecht. Das ist eine andere Facette, eine andere Art, uns in der Liebe zu üben. Besser können wir uns nicht stärken. In Zeiten großen Unrechts, wie in der Militärdiktatur in Chile in den Siebziger und Achtzigerjahren des letzten Jahrhunderts, wird die Liebe besonders bekämpft, denn nichts könnte einem Unrechtsstaat so gefährlich werden wie Menschen, die lieben und sich füreinander einsetzen. Und doch entfaltet die Liebe gerade in einer solchen Situation der Unterdrückung unaufhaltsam ihre ebenso subversiven wie befreienden Kräfte.

»Ich bin mir sicher, dass alle Menschen ein Gefühl für Gerechtigkeit haben und spüren, was passiert.«

Chominga schreit die Ärzte in die Schranken und findet ihre Würde

Chominga gehörte zu einer Gruppe von Frauen, die wir in der Zeit der Diktatur gegründet haben. Zusammen haben wir sogenannte *arpilleras* gefertigt. Das sind bunte, reliefartige Patchworkbilder. International bekannt wurden diese Bilder, die zuerst in Chile hergestellt wurden, durch Frauen oder Angehörige von *desaparecidos*, Menschen, die während der Diktatur einfach verschwanden: Wenn es »gut« kam, landeten sie im Gefängnis, schlimmstenfalls wurden sie gefoltert und ermordet. Die Frauen wollten mit diesen Bildern auf die Situation in ihrem Land aufmerksam machen und die Gewalttaten anklagen. Gleichzeitig war dies eine Möglichkeit für sie, etwas Geld zu verdienen. Aber es ging in unserer Gruppe für die Frauen auch darum zu lernen, einen Weg der Befreiung zu gehen.

Die weinenden Frauen

In unseren Werkstätten gestalteten wir meist biblische Themen. Die Gruppe unserer Frauen hatte sich selbst einen Namen gegeben: »Die Gruppe der achten Station«. Gemeint war damit die achte Station des Leidensweges von Jesus durch Jerusalem, der mit der Verhaftung beginnt. Die achte Station heißt »Die weinenden Frauen von Jerusalem«. Damit haben sich unsere Frauen identifiziert.

Obwohl Chominga zu dieser Gruppe gehörte, stand sie doch abseits. Ihre Beiträge zu den Bildern waren sehr einfach, klobig und ungelenk. Der Erlös von gemeinsamen Bildern wurde geteilt. Chominga verkaufte eigene Bilder so gut wie nie. Um sie nicht zu entmutigen, veranlassten wir oft diskret den Kauf ihrer Bilder.

Kaum jemals hörten wir von ihr ein Wort über ihr schweres Leben. Sie war eine Mapuche, gehörte also zu den indigenen Einwohnern des Landes. Wie die meisten von ihnen war sie Analphabetin. Sie hatte heranwachsende Kinder. Ihr Mann war Trinker. Sie trug sein ganzes Leben mit und war verantwortlich dafür, dass das Essen auf den Tisch kam, auch wenn er keinen Cent nach Hause brachte. Wenn er schwer betrunken und schmutzig heimkam, wusch sie ihn und sorgte für saubere Kleidung.

Gesundheitlich ging es ihr oft nicht gut. Wir hatten auch den Verdacht, dass sie von ihrem Mann geschlagen wurde. Chominga war noch keine vierzig, sah aber aus wie über sechzig. Wegen ihrer Schmerzen kam sie oft in die Poliklinik.

Ein ungeheuerlicher Mut

Eines Tages machte sie sich auf ins Gesundheitszentrum zur staatlich verordneten gynäkologischen Kontrolle. Mittags kam Chominga völlig außer sich zurück. Schon von Weitem schrie sie immer wieder: »*Pasé el puente!* Ich bin über die Brücke gegangen!« Niemand von uns verstand, was sie damit meinte. Unsere Sozialarbeiterin, Anita Maria, versuchte, sie zu beruhigen und herauszufinden, was ihr zugestoßen war. Langsam kam Chominga wieder zu Atem und erzählte, was geschehen war.

Im Gesundheitszentrum war Chominga von einer Gynäkologin untersucht worden. Diese nahm ihr die empfängnisverhütende Spirale heraus. Und Chominga, die so leise und so still war und von der niemand annahm, dass sie auch nur merkte, was vor sich ging, hatte mitbekommen, dass man ihr das *diu,* wie man hier sagt, entfernt hatte. Sie protestierte vehement: »Ich brauche das *diu!* Ohne das kann ich nicht leben.«

»Ach was, das ist längst vorbei, du brauchst das doch gar nicht mehr, du kannst keine Kinder mehr bekommen.«

»Ich weiß ganz genau, dass ich noch Kinder bekommen kann – und dann werde ich das auch. Aber ich kann keines mehr großziehen. Mein Mann ist Trinker. Und ich kann nicht mehr. Ich habe schon drei Kinder. Mehr schaffe ich nicht.«

Die Gynäkologin wollte Chominga beruhigen: »Bei dir ist es wirklich vorbei mit dem Kinderkriegen.«

»Ich kann noch schwanger werden, ich bin ganz sicher, ich kann noch Kinder bekommen!« Weil niemand auf sie hörte, wurde Chominga immer lauter. Irgendwann brüllte sie: »ICH KANN NOCH SCHWANGER WERDEN!«

Der Schrei der Befreiung

Das ganze Gesundheitszentrum war zusammengelaufen. Chominga hatte einen richtigen Skandal produziert. Sie war an einem Punkt angekommen, an dem sie nichts mehr erklärte, sondern nur noch schrie, schrie, schrie. Ihr war jetzt alles egal, auch dass man sie vielleicht für verrückt erklären würde.

Irgendwann hatte sie jemand gepackt, sie auf den gynäkologischen Stuhl gedrückt – und ihr ein neues *diu* eingesetzt. Hauptsache, sie hörte auf zu schreien!

Vom staatlichen Gesundheitszentrum bis zu uns waren es dreieinhalb Kilometer. Den ganzen Weg über hatte sie gerufen: »Ich bin über die Brücke gegangen!« Es war ein Schrei der Befreiung – und er wirkt bis zum heutigen Tag.

Chominga war aufgewacht. Zum ersten Mal in ihrem Leben hatte sie sich getraut, aus Leibeskräften zu schreien. Als Frau einmal etwas einzufordern für ihr Leben. Sie hatte angefangen, eigenständig zu existieren, und von den anderen verlangt, dass sie das anerkannten.

Die Früchte unserer Arbeit

Chomingas Kinder sind inzwischen groß. Es war der Beginn ihrer Befreiung als Frau und Mutter. Sie wurde danach tatsächlich eine andere, ohne dass sie ihr Leben äußerlich geändert hätte. So verließ sie ihren alkoholkranken Ehemann nicht, sondern pflegte ihn treu. Doch auf einmal wirkte sie selbstbewusster, setzte sich nicht mehr auf den hintersten Platz und beteiligte sich immer öfter an den Gesprächen der Frauen. Sie lebte ihr Leben nun mit einer anderen Würde. Und sie verlieh weiter ihrem Innersten Ausdruck.

Sie hatte in einem Weltbild totaler Unterwerfung gelebt. Bis dann eines Tages die ganze Arbeit der Befreiung und des Widerstand-Leistens, aber auch die Kraft der Geschichten, mit denen wir uns beschäftigten, Früchte trug.

Ich erinnere mich: Wir hatten noch nicht lange die Geschichte vom Auszug aus Ägypten gelesen – wie sich das jüdische Volk gegen die Unterwerfung auflehnte und aus ihr herausgeführt wurde. Jedenfalls hatte Chominga zu jener Zeit auf einmal den Entschluss gefasst: Ich kämpfe für mich, für das, was ich weiß, und ich bin bereit, jeden Preis dafür zu zahlen.

Frauen müssen sich nicht unterwerfen. Über die Jahre hatte Chominga immer wieder gehört, dass sie eine Würde habe, ein Recht auf ihr eigenes Leben, dass sie ein wertvoller Mensch sei. Nun brach all das heraus, nachdem es lange in ihr gereift war. So viel Angst ihr die Brücke auch gemacht haben mag – jetzt war sie darübergegangen! Aber Chominga war nicht nur für sich selbst über diese Brücke gegangen. Was sie geleistet hatte, war für alle Frauen von Bedeutung, und was sie geschafft hat, können alle schaffen.

MEINE EINLADUNG AN DICH:
WEHR DICH GEGEN UNRECHT

Staatlich angeordnete Zwangsuntersuchungen kennen wir hier zum Glück nicht, das Gefühl, in unserer Würde verletzt worden zu sein, ist hingegen vielen sehr wohl bekannt. Aber die Angst hindert uns oft, »über die Brücke zu gehen«, also über unseren Schatten zu springen und aufzubegehren. Wir fragen uns dann vielleicht, was passiert, wenn wir uns wehren, und befürchten, dass alles noch schlimmer werden könnte.

Fass dir ein Herz, wenn es ungerecht zugeht

* Greifen wir noch einmal das eingangs angeführte Beispiel von dem Kollegen auf, der fälschlich für einen Fehler beschuldigt wird. Es ist nett und lobenswert, dem Kollegen später ein paar tröstende Worte zu sagen. Noch besser wäre es aber, in der Situation nicht einfach den Blick auf den Boden zu richten, sondern einen Moment mit der Frage zu verbringen: Wenn ich der Kollege wäre – was würde ich mir jetzt von den anderen wünschen? Was immer du dann in dir als Antwort findest, tu es einfach! Freundlich zu demjenigen, der die Vorwürfe formuliert hat, sagen: »Bitte könnten Sie Ihren Ton mäßigen.« Oder ihm sagen, dass dich dieser Ton verletzen würde. Oder deutlich machen, dass den Kollegen gar nicht die Schuld trifft.

* Ein anderes Beispiel: Da ist die gemiedene Nachbarin, die, je unsicherer sie ist, desto mehr redet und redet. Das macht sie zur Zielscheibe von Lästermäulern. Vielleicht lachst du mit, aber dein Bauch verkrampft sich vor lauter Unwohlsein über diese Verletzung von Würde. Fass dir einfach ein Herz – und sag genau das. Oder erzähle stattdessen, dass die Nachbarin, wenngleich sie zugegebenermaßen nicht die beste Zuhörerin sei, als Einzige

eingesprungen sei, als du einen wichtigen Termin hattest und das Kind mit 39 Grad Fieber im Bett lag. Dafür habe die Nachbarin sogar selbst einen Arzttermin verschoben.

Mutig werden – das lässt sich trainieren

* In solchen alltäglichen Situationen aufzubegehren, gleich ob es um eigene Belange geht oder um diejenigen anderer, das kann man wie einen Muskel trainieren. Du kannst mit kleinen Dingen anfangen. Mit ein bisschen Übung wird das eigene Herz stark und die Liebe darin mutig. Wo mutige Herzen wohnen, hat das Unrecht wenig Chancen. Die Würde kann sich so unter den Menschen ausbreiten und sie aufrecht gehen lassen.

Unrecht will ich einfach nicht hinnehmen

Einige fühlen sich zum Kampf um eine gerechtere Welt mehr berufen als andere, aber mitverantwortlich sind wir alle für das Recht oder eben das Unrecht, das unter uns geschieht. Ich kann gut respektieren, dass jemand sich nicht wehren kann, weil ihm zu viele Wunden geschlagen wurden.

Die, die vorbeigehen am Unrecht, denen geht es aber auch nicht gut. Sie bezahlen mit einem Schuldgefühl – und mit noch mehr Angst davor, dass sie selbst einmal Ungerechtigkeit ausgesetzt sein könnten und dann erleben müssten, wie die anderen vorbeigehen.

Zu meiner Berufung gehört es, mitzuarbeiten an menschlichen Beziehungen, die gerecht sind. Und andere einzuladen, über den eigenen Schatten zu springen und zu sagen: »Das nicht, das soll nicht sein, das ist Unrecht!«

Lieben heißt politisch leben

Wenn irgendetwas in unserem Kulturkreis privat und persönlich ist, dann ist es die Liebe. Sie bezieht sich auf das engste Umfeld: die Liebste oder den Liebsten, die Kinder, die engere Familie, vielleicht noch auf ein paar sehr gute Freunde. Politik, so scheint es, hat nichts mit Liebe zu tun.

So viele Probleme wurzeln in gesellschaftlichen Strukturen

Nun – dieses Buch dreht sich um die Liebe, und gerade deswegen spielt auch die Politik eine Rolle. Denn wenn man anfängt, sein Herz für alle Menschen zu öffnen, stößt man schnell an die Grenzen der Möglichkeiten individueller Hilfe: Menschen, die mit Ende vierzig, Anfang fünfzig arbeitslos werden, haben oft geringe Chancen auf eine neue Stelle – ohne dass es an ihrer Qualifikation läge. Kinder, die sich in der Schule schwertun, deren Eltern aber kein Geld für

Nachhilfeunterricht haben, sind Opfer eines Bildungssystems, das den sozial Benachteiligten nur wenig Chancen zur Entwicklung des eigenen Potenzials gibt. Die Menschen haben unter so vielen Situationen zu leiden! Dahinter stecken nicht selten gesellschaftliche Probleme. Da kann man eben nichts machen, denken dann viele, und je nach Temperament finden sie sich damit ab, ärgern sich oder weben bittere Untertöne in ihr Klagelied.

Missstände im Blick

Wie wunderbar wäre es doch, wenn sich viele Menschen für das Schicksal anderer interessieren und mithelfen würden, nach Lösungen zu suchen! Wenn sie den Kreis nicht nur eng um die eigenen Liebsten zögen, sondern weiter. Alle Selbsthilfegruppen funktionieren nach diesem Prinzip. Denken wir beispielsweise auch an Menschen, die sich am runden Tisch und in Initiativen um Migranten kümmern. Oder an ehrenamtliche Politiker, so wie es in der Regel Kommunalpolitiker sind: Sie bringen politische Partei- und Gremienarbeit abends und am Wochenende unter, zusätzlich zu Beruf und Familie. Und müssen sich oft Beschimpfungen und Schmähungen gefallen lassen.

»Die Menschen im Armenviertel sind wie meine Familie für mich. Ich werde für sie kämpfen wie für meinen Bruder und meine Schwester.«

Es mag uns befremden, solche Tätigkeiten unter dem Blickwinkel der Liebe zu betrachten. Aber sie so anzuschauen, taut die Verhärtung um unsere Herzen auf, wenn es um die Schattenseiten unseres Gesellschaftssystems geht. Möglicherweise öffnet sich dann unser Blick auch für die Nöte von Menschen, die wir nicht zu unserer Familie zählen. Oder noch nicht …

Wie die Ministerin lernt, dass die Menschen im Armenviertel meine Familie sind

Die Diktatur gehört in Chile seit vielen Jahren der Vergangenheit an. Zum Glück brauchen wir keine Menschen mehr vor den Mördern zu verstecken oder außer Landes zu bringen. Aber das heißt mitnichten, dass die strukturelle Ungerechtigkeit zu Ende und unsere politische Arbeit überflüssig wäre.

Die Menschen wirklich erreichen

Wie ich so politisch geworden bin, kann ich nicht genau sagen. Aber was ich weiß, ist, dass das aus den Beziehungen zu den Menschen entstanden ist. Aus dem Bedürfnis, ihnen beizustehen, und zwar in einer Weise, dass die Menschen dabei ihre eigene Würde entdecken und behalten können. Almosen, egal in welcher Größenordnung, machen die Menschen zu Bettlern. In mir wuchs immer stärker die Einsicht, dass Würde der Schlüssel zum Herzen ist. Aber ihre Würde konnten die Armen nicht erlangen, indem wir Suppenküchen für sie bereitstellten. Als ich die Menschen näher kennenlernte, wurde mir klar: Die Mütter und Väter arbeiten so viel, dass sie gezwungen sind, auch ganz kleine Kinder tagsüber sich selbst zu überlassen. Und dann verdienen sie immer noch nicht genug, um die Kinder zu ernähren.

Hier ging es nicht um faule, undankbare Menschen, hier begegnete ich struktureller Ungerechtigkeit. Und die kann nur strukturell, also politisch, geändert werden. Allerdings: Eine Nonne, die in den Slums gegen Not und Elend karitativ tätig wird und sich aufopfert, die erklärt man zur Heiligen. Wenn dieselbe Nonne gegen die Ursachen von Not und Elend vorgeht, dann wird sie als Kommunistin verschrien und angeklagt. In der Zeit der Diktatur habe ich das besonders heftig zu spüren bekommen.

Aber ich hätte auch nie gedacht, dass uns die Liebe im Widerstand so kreativ machen würde: Wir waren tausendmal einfallsreicher als sämtliche Geheimdienste. Die Liebe weckte alle unsere Kräfte und unsere ganze Fantasie.

Bildung für alle

Ein Beispiel dafür, dass wir heute noch für Würde kämpfen, also weiter politisch arbeiten müssen, ist unser jahrzehntelanger Kampf um Schulen für die Kinder und Jugendlichen in den Armenvierteln. Dieser Kampf schmerzt mich besonders, denn heute werden die in Armut lebenden Kinder Chiles schon in der dritten Generation um ihre Bildung und damit um ihre Zukunft betrogen.

Gerade erst haben wir eine heftige Auseinandersetzung mit dem Arbeitsministerium ausgestanden. Es geht um unsere Berufsschulen, die einzigen, die es in Chile gibt. Hier werden zehn Handwerke unterrichtet, um Jugendlichen aus den Armenvierteln eine Ausbildung zu ermöglichen. Jedes Jahr müssen wir neu dafür kämpfen. An Bedingungen wie etwa in Deutschland, wo Lehrlinge drei ganze Jahre lang ausgebildet werden, ist überhaupt nicht zu denken! Der Staat will uns maximal ein Semester gewähren. Ein Semester, um ein Handwerk zu lernen! Mit einem Jahr wäre ich schon zufrieden, so könnten wir es schaffen, die jungen Menschen zu ermutigen, ihnen zu einem weiteren Horizont zu verhelfen und ihnen schließlich einen Platz in der Gesellschaft und im Leben zu ermöglichen.

Wie gesagt, Jahr für Jahr stehen wir eine gigantische Anstrengung durch. Aber dieses Jahr verschlug mir ein zusätzliches, absolut perfides Problem regelrecht den Atem. Ende Februar klingelte das Telefon. Jemand aus dem Arbeitsministerium wollte mich sprechen. Die Nachricht, die ich erhielt, stürzte uns in ein fürchterliches Dilemma. Ich war darauf kein bisschen gefasst. Die Finanzierung unserer Berufsschulen sollte 2012 an eine Wirkungsstudie der Internationalen Bank für Entwicklung (BID) gebunden sein. Ich bekam die Anweisung, dass wir uns an der Studie beteiligen sollten – wir bekämen dann 1,5 Millionen Euro für unsere Berufsschüler –, andernfalls gebe es gar kein Geld.

Eine Studie wider die Menschlichkeit

Natürlich habe ich nichts gegen Studien, aber doch nicht so! Die Bedingungen sahen folgendermaßen aus: Das Arbeitsministerium wollte die Arbeit unserer Berufsschulen evaluieren lassen. Die Studie verpflichtete uns, die doppelte Anzahl der Schüler auszuwählen, von denen dann jedoch nur jeder Zweite aufgenommen werden durfte, während der andere Teil zur Kontrollgruppe der Studie gehören sollte und sein Leben weiter auf der Straße fristen musste.

Stellt euch Folgendes vor: Ein Schüler, der sich bei uns einschreibt, muss ein Zeugnis von der Stadtverwaltung bringen, dass er arm ist. Dann durchläuft er den Auswahlprozess, erfährt, dass er fähig und bereit ist, mit Erfolg die Schule zu absolvieren. Während dieser Zeit lernt er die Schule und ihre Möglichkeiten kennen, zum ersten Mal wächst Hoffnung in ihm, Hoffnung auf ein anderes Leben. Auf eine Zukunft. Und dann muss er hören: »Tut uns leid, du bist zwar ausgewählt worden und wähntest dich deinem Traum von einem besseren Leben schon so nah. Aber leider muss ich dich auf die Straße zurückschicken. Dein Bruder, der auch ausgewählt wurde und der die gleichen Voraussetzungen hat wie du, der darf bleiben. Auf diese Weise kann der Staat euren Lebenslauf verfolgen und herausfinden, ob unsere Ausbildung einen Wert hat.«

Nein, nein und nochmals nein! Niemals würde ich mich auf ein solch zynisches Ansinnen einlassen, niemals so viele Jugendliche verraten. Noch nicht einmal einen einzigen. Das wäre grausam gewesen, und ich wollte es weder zulassen noch mich daran beteiligen.

Auf eigene Verantwortung

Es war ein großes Risiko, aber ich zögerte keinen Moment, und wir begannen mit dem Unterricht, und zwar für alle von uns ausgewählten Bewerber. Auf unsere Verantwortung natürlich. Zur Not würden wir alles Geld alleine auftreiben. Leider gab es unter den sonst mit uns verbündeten acht Organisationen in der Handwerksausbildung nur eine einzige, die auf unserer Seite stand.

Der Arbeitsministerin teilte ich mit, dass diese Studie ethisch für uns nicht tragbar sei. »Die Menschen im Armenviertel sind meine Familie. Ich kämpfe für sie«, erklärte ich.

Das waren schwere Wochen. Ich erzählte Rafael von den Bedingungen der Studie. Er ist im Vorstand von Cristo Vive Chile und ein sehr erfolgreicher, international arbeitender Headhunter. Ich wusste, dass er die Ministerin vom Studium her kannte.

»Das ist Selektion übelster Art. So etwas darf nicht passieren und wir dürfen es nicht zulassen. Ich werde der Ministerin schreiben.« Er schrieb den Brief, und ich war bereit, nach vorheriger Ankündigung gegenüber dem Ministerium – um Transparenz zu wahren –, das Ganze der Presse zu übergeben, für die der Vorgang natürlich ein gefundenes Fressen gewesen wäre. Wenige Wochen später erhielt ich endlich die erlösende Nachricht: Unserem Einspruch wurde stattgegeben. Die Arbeitsministerin hatte die geplante Studie zurückgezogen.

MEINE EINLADUNG AN DICH:
ENTDECKE DIE KRAFT DER SOLIDARITÄT

Wie anders könnte die Welt sein, wenn wir die Menschen um uns herum als unsere Geschwister betrachteten! Wenn wir uns nicht nur um die eigenen, sondern auch um die Probleme der anderen kümmern würden!

Erweitere den Kreis deiner liebsten Menschen

»Vor Gott sind alle Menschen gleich.« Im Christentum gibt es schöne Bilder, die zeigen: Gott macht keine Unterschiede. Nun, wir sind Menschen und wir ziehen den Kreis, wen wir zu unseren Liebsten zählen, eher eng. Wenn du das ändern willst, stell dir die Frage: Wie würde ich mir das für meine Familie wünschen?

* Ein Beispiel: Du erfährst, dass Apfelbauern einem Gewerbegebiet weichen sollen. Informiere dich, sprich mit den Betroffenen. Lade alle interessierten Menschen zu dir nach Hause zu einem Informationsabend ein. Und dann redet! Miteinander und mit Politikern. Schreibt Leserbriefe, sammelt Unterschriften, organisiert eine Bürgerversammlung. Sucht euch Unterstützung bei erfolgreichen Bürgerinitiativen. Und schaut mal, ob die Apfelbäume nicht stehen bleiben können.

Die Kraft der Solidarität

In der Schulzeit lernen die Schüler und Schülerinnen entweder: »Wir sind wichtig für die Menschen hier, die interessieren sich für uns.« Oder sie machen die Erfahrung: »Ob unsere Toiletten stinken, die Wände voll Graffiti sind und dauernd Stunden ausfallen, das interessiert doch keinen. Also interessiert sich auch niemand für uns.«

* Sieh hin bei den Schulen in deiner Umgebung! Interessiere dich. Das kann auf vielen Wegen geschehen: Wenn du handwerk-

lich geschickt bist – jede Schule hat marode Ecken und keine Kommune hat genug Geld, sie alle zu renovieren. Wenn du etwas Geld übrig hast, dann gibt es sicher einen Förderverein. Wenn du ein Talent hast, dann gibt es gerade in den Nachmittagszeiten einen ungeheuren Bedarf an zusätzlichen Angeboten: Musizieren, Sprachen, Sport …

* Auch hier hilft die Frage: Zu welchen Angeboten würde ich meine Kinder und Enkel gern schicken?

* Viele Menschen haben verlernt, solidarisch zu fühlen und zu handeln. Aber es lohnt sich, das neu zu entdecken. Für die anderen – und für uns selbst. Du wirst es an der Liebe merken, die durch dein Herz fluten wird!

Ich will lernen, alle Menschen zu lieben

Alle Menschen brauchen die Kraft der Liebe, auch unsere Politiker brauchen Liebe, um das Gemeinwohl zu sichern. Mit Politikverdrossenheit, mit Verachtung für Politiker kommen wir nicht weit. Es geht nur miteinander, nur indem wir gemeinsam das tun, was für alle gut ist. Nicht nur »für mich, meine Familie und meine Stadt«.
Ihr lebt in einem schönen Land mit enormem Reichtum, das – noch – ein wunderbares Netzwerk der Solidarität besitzt. Ich finde, ihr schätzt das manchmal nicht genug und bringt es dadurch in Gefahr. Liebe ist die Kraft, die die Gesellschaft verändern kann. Mischt euch ein, wenn Menschen hier einen Stundenlohn von fünf Euro bekommen. Das darf nicht sein, das ist würdelos. Sagt, wir wollen nicht, dass die Schere von Arm und Reich weiter auseinandergeht. Ihr seid alle verantwortlich. Liebe ist aktiv. Immer.

Wer liebt,
ist frei

Die Liebe ist eine der stärksten und vitalsten, vielleicht sogar die vitalste Kraft. Aber selbst die Liebe braucht, soll sie zu voller Blüte kommen, Bedingungen.

Liebe lässt sich nicht erzwingen

Die wichtigste Bedingung: Liebe braucht Freiheit. Oder umgekehrt: Man kann Menschen zwingen, etwas zu tun oder zu lassen. Aber niemand kann einen Menschen zwingen zu lieben. Ob ein Mensch liebt oder nicht – das ist immer seine ureigenste Entscheidung. Trifft jemand die Entscheidung zu lieben, dann wird alles möglich. Wirklich alles. Wer sich überreden oder gar nötigen lässt, etwas zu tun, weil es einfacher ist, weil er niemanden verletzten will, weil es viele Vorteile hat, der wird einen hohen Preis zahlen.

Da ist die Schwiegermutter. Nach einem leichten Schlaganfall kann sie nur noch begrenzt für sich sorgen. Wenn sie zu ihrem Sohn und dessen Frau ziehen würde, müsste ständig jemand da sein. Der Mann verdient deutlich mehr – wenn, dann müsste also die Schwiegertochter diejenige sein, die im Job ausscheidet. Sie zögert. Sie will nicht herzlos erscheinen, sie will nicht verantwortlich sein, dass die Mutter ihres Mannes auf fremde Menschen angewiesen ist. Sie will aber auch nicht ihren Beruf für die Schwiegermutter opfern. Was für eine schwierige Entscheidung!

Eine Entscheidung fürs Leben

Oder das kinderlose Ehepaar. Beide sehnen sich nach Kindern, die sich trotz teurer und aufwendiger Behandlungen in einem spezialisierten Kinderwunschzentrum nicht einstellen wollen. Die Frau kann den Wunsch nicht aufgeben, der Mann sich die Vaterrolle aber nur für leibliche Kinder vorstellen. Weil der Wunsch seiner Frau so groß ist, lässt er sich schließlich doch auf eine Auslandsadoption ein, für eine Inlandsadoption sind beide zu alt. Das Kind ist in seinem Heimatland schwer traumatisiert worden. Schon als Kind, später als Jugendlicher häufen sich die Probleme. Der Vater, der innerlich nie wirklich eingewilligt hat, verlässt die Familie, als zum ersten Mal die Polizei wegen des Sohnes vor der Tür steht: So hat er sich das Leben mit seiner Frau nicht vorgestellt!
Eine Entscheidung, die wir nur anderen zuliebe treffen, trägt uns viel weniger als eine, hinter der wir mit ganzem Herzen stehen. Spätestens in Belastungssituationen holt uns das ein, selbst wenn wir die besten Absichten hatten.

»Wirklich lieben kann nur, wer frei ist zu lieben. Zwang und Liebe, das passt nicht zusammen. Wer aber frei wählt zu lieben, der kann von nichts und niemandem beschädigt werden, was auch immer geschehen mag.«

Wie Diego uns zeigt, dass echte, wahre Liebe befreit

Kurz vor Weihnachten 1975 trat Diego, ein Jahr und neun Monate alt, in unser Leben. Wir holten ihn, alarmiert von den Nachbarn, mit seinen zwei Geschwistern Patricia und Camillo, fünf und vier Jahre alt, aus einer Hütte. Die jungen Eltern hatten die Kinder in höchster Verzweiflung zurückgelassen. Zwei Wochen war das schon her. Das Schreien der Kinder vor Hunger hatte die Nachbarn verrückt gemacht. Für die größeren Kinder fanden wir ein Kinderheim, Diego blieb bei uns.

Er war brutal unterernährt und wog gerade mal 4700 Gramm. Der Kampf um sein Leben war dramatisch: Jeden Tag hielt ich ihn auf dem Schoß, mit seinem dicken Hungerbauch, abgemagerten Ärmchen und Beinchen und dem grauen, dünnen Gesicht eines alten Mannes mit großen schwarzen Augen. Ich versuchte, Diego mit ein wenig Salz und Zucker im Wasser zu rehydrieren. Stunden verbrachte ich damit, ihm ein paar Löffelchen Milch zu füttern.

Mein Herz hatte kaum Hoffnung, dass er überleben würde. Aber Diego schaffte es, auch wenn er klein und schmächtig blieb.

Um stark zu werden, ging er mit zwölf Jahren zu den Pfadfindern. Mit fünfzehn wollte er selber mitarbeiten und half, eine Pfadfindergruppe mit Straßenkindern aufzubauen. Alles wurde gut. Doch plötzlich, mit siebzehn, verunglückte er während eines Pfadfinderlagers: Halswirbelbruch. Sein gesamter Körper war fortan gelähmt.

Wieder bangten wir um sein Leben. Im staatlichen Krankenhaus konnte er nicht bleiben – wir wussten, hier würde er sterben: Das Krankenhaus verfügte nicht über eine entsprechend ausgestattete Intensivstation. So brachte ich ihn von dort auf die Intensivstation des privaten Arbeiterunfallkrankenhauses der Versicherungsgesellschaft ACHS, damit er dort von einem mit uns befreundeten Rückenspezialisten umsonst behandelt werden konnte.

Es entstanden keine Arztkosten – aber das Krankenhaus bestand auf einem Blankoscheck für das Bett. In meiner Not stellte ich einen Scheck aus, den ich mir von der Cristo Vive geliehen hatte.

Diego, dieser unglaubliche Diego, wollte leben. Als er wieder zu sich kam, erzählte er mir, dass er eine Nahtoderfahrung gehabt habe. In ihr hatte er eine Botschaft, eine Mission, wie er es nannte, erhalten: »Sei da für die Menschen!« lautete sie.

Die gläserne Welt einer Chefetage

Nach zwei Monaten wurde Diego im Rollstuhl entlassen. Und sofort erhielt ich vom Krankenhaus eine Rechnung: 40 000 Euro sollten innerhalb kürzester Zeit überwiesen werden! Es war, als würde mich der Schlag treffen.

Ich bekam einen Gesprächstermin beim Vorstandsvorsitzenden der ACHS. Ich rüstete mich mit Fotos von Diego, die wir aufgenommen hatten, als er zu uns kam. Wieder schaute mich das Hungerbündel mit dem Greisengesicht an. Aber ich nahm auch Fotos mit, auf denen Diego mit leuchtenden Augen in die Kamera blickte, während er mit den Straßenkindern zum Pfadfinderlager aufbrach. Schließlich noch solche Fotos, wie er jetzt im Rollstuhl saß.

Ich betrat eine andere Welt. Eine elektronische Karte – damals noch eine absolute Besonderheit – schloss den Aufzug auf und ich glitt geräuschlos durch gläserne Konstruktionen bis zur Chefetage. Dort kam ich in ein imposantes Chefzimmer, mit Panoramafenstern und Blick über ganz Santiago.

Nun, ich erzählte Diegos Geschichte, zeigte die Fotos, wies darauf hin, dass wir von Cristo Vive für alle unsere Mitarbeiter, einschließlich Diegos Adoptivmutter, bei der ACHS einzahlten.

Mehr als ein müdes Lächeln erreichte ich nicht. Er dankte für Diegos Geschichte, sagte aber: »Sie verstehen, *Madre,* Diego ist kein Mitarbeiter.« Da sei nichts zu machen. Mehr als der schon gewährte Nachlass gehe nun wirklich nicht.

Ich war geschockt, konnte aber noch nicht aufgeben. Meine Überzeugung, dass die Gesellschaft eine Verantwortung für alle Kinder hat, gleich in welchem Teil der Stadt sie geboren wurden, dem armen oder dem reichen; mein Appell an seine Verantwortung als Chilene für sein Volk – nichts davon erreichte ihn.

Warum weine ich?

Um meine Fassung war es geschehen, fast fluchtartig verließ ich den Raum. Ich fand mich vor einem riesigen Fenster mit Blick auf Santiago wieder und brach in lautes Weinen aus. Zuallererst aus Wut über mich selbst: Wie hatte ich diesem Menschen nur die herzzerreißenden Bilder von Diego zeigen können? Den Aufzug wollte ich nicht mehr nehmen, die vielen Treppen hinunter kamen mir gerade recht.

Ich fuhr im Bus zurück ins Armenviertel. Zum Glück konnte ich allein sein. Die Tränen rannen mir über die Wangen. Die Fotos fest gegen meine Brust gedrückt, saß ich auf meinem Sitz.

Wie ein Blitz schoss mir auf einmal die Frage aus dem Herzen: »Warum weine ich?« Ja, warum eigentlich? Weil Diego schon wieder für seine Armut mit seinem Leben bezahlt hätte, wenn wir ihn nicht verlegt hätten? Weil sich ein Herz dieser Einsicht verweigert hatte und hart blieb? Weil ich mich mit gedemütigt fühlte?

Nein und noch mal nein. Ich weine, weil ich liebe! Es hat mich doch niemand gezwungen, zum Vorstand der ACHS zu gehen und die Fotos zu zeigen! Ich weine, weil ich liebe, einfach weil ich aus ganzem Herzen und mit meiner ganzen Freiheit liebe. Niemand verlangt das von mir – ich bin frei. Aber ich will. Ich will mein Leben verschenken. Ich finde grandiose Büros mit Panoramablick über die ganze Stadt auch schön. Aber sie sind nichts, wirklich nichts im Vergleich dazu, Menschen zu lieben! In Freiheit alles aufs Spiel zu setzen für diese Liebe. Für Diego und für so viele andere.

Ein ganz besonderer Mensch

Plötzlich war nur noch Licht in meinem Herzen. Und das Gefühl einer unbeschreiblichen Kraft, die sich mit der inneren Gewissheit verband: Die Liebe überwindet die größten Probleme.

Über zehn Jahre haben wir mit Spendengeldern, die wir extra dafür geworben haben, die Schulden für Diegos Behandlung abbezahlt. Diego hat noch viele Jahre gelebt. Er starb im April 2012 in einem öffentlichen Krankenhaus. Jeden Tag kamen regelrechte Besucherströme, darunter auch Prominente. Die Mitarbeiter im Krankenhaus staunten und fragten mich ein ums andere Mal: »Wer ist dieser Diego? Er muss ein ganz besonderer Mensch sein, wenn all diese Leute zu ihm wollen!« Die vielen Besucher waren alle Menschen, die von Diego Rat, Lebensweisheit und Unterstützung bekommen hatten. Jetzt, da er gehen musste, wollten sie noch einmal nah bei ihm sein. Diego hatte seine Mission »Sei da für die Menschen!«, die ihm in der Nahtoderfahrung aufgetragen wurde, verwirklicht. Diego, das hat er mir oft versichert, war glücklich, trotz allem.

Für uns alle hinterließ Diego ein Wort des Dichters und Philosophen Rabindranath Tagore: »Wenn meine Stimme im Tod verstummt, wird mein Herz weiter zu dir sprechen.«

MEINE EINLADUNG AN DICH:
FINDE DIE FREIHEIT IN DER LIEBE

Wessen Leben mit seinem tiefsten Traum übereinstimmt, der ist frei zu lieben und immun gegen Anwürfe.

Und dein tiefster Traum?

Im Leben kommen wir immer wieder an Weggabelungen. Das sind die Stellen, wo die wichtigen Entscheidungen getroffen werden: mit wem wir unser Leben teilen, wie wir unsere Arbeitszeit verbringen und welchen Raum wir unseren Träumen geben.

* Bedenke bitte: Diese Träume sind viel wichtiger, als wir zunächst vielleicht meinen, denn wenn wir uns für Sicherheiten und »den lieben Frieden« entscheiden, opfern wir nicht nur unsere Träume, sondern auch den Sinn unseres Lebens.

Die Signale deuten

Im Laufe der Jahre melden sich die Träume zurück, oft in verschlüsselter Form. Da macht sich beispielsweise der Körper bemerkbar: Der Magen ist immer wieder verstimmt oder Schlafstörungen lassen uns nicht zur Ruhe kommen. Oder wir verspüren eine allgemeine Unzufriedenheit. Jedes Lebensmodell, das vom eigenen abweicht, wird vehement kritisiert, nur damit wir uns nicht selbst infrage stellen müssen. Vielleicht macht sich auch die Sehnsucht, frei, anders zu leben, mit einem anderen Partner, einem anderen Beruf, an einem anderen Ort, immer stärker bemerkbar. All das können Hinweise darauf sein, dass wir unsere Träume verraten haben. Und – das ist das eigentlich Schlimme – mit den Träumen unsere Liebe.

Ganz gleich, ob du Mitte zwanzig bist und gerade deine Berufsausbildung abgeschlossen hast, ob du mit Mitte vierzig eine kritische Bestandsaufnahme des Lebens bewältigst oder ob du dir mit Anfang sechzig eingestehen musst, dass der größte Teil deines Lebens schon hinter dir liegt – wann immer dich das unangenehme Gefühl beschleicht: Nein, so will ich nicht bis an mein Lebensende weitermachen, dann übergeh diese Stimme deines Herzens nicht. Hör genau hin!

* Trink in Ruhe eine Tasse Tee oder bestell in deinem Lieblingscafé einen Cappuccino und nimm dir zwei Stunden Zeit, zum Grund deines Herzens zu gehen. Schalte dein Handy aus und schaffe Raum für ganz einfache Fragen: Wann bin ich froh? Was kann ich gut? Womit mache ich anderen eine Freude?

* Die Antworten werden dir bedeutende Hinweise für die vielleicht wichtigste Frage geben, über die sich jeder Mensch spätestens auf dem Sterbebett Rechenschaft ablegen muss: »Habe ich getan, wozu ich auf diese Welt gekommen bin und was nur ich tun konnte?« In den seltensten Fällen muss man das ganze Leben ändern. Vielmehr geht es darum, ehrlicher, authentischer, freier, autonomer zu sein. Sobald du diesen Weg einschlägst, wird die Liebe wieder fließen.

So will ich mein Leben leben

Ich liebe, weil ich lieben will. Mein Leben kann ich nur deshalb so führen, wie ich es tue, weil ich es so gewollt habe. Niemals wäre ich im Armenviertel glücklich geworden, wenn es nicht meine ganz und gar freie und autonome Entscheidung gewesen wäre, dort zu bleiben. Den Verzicht, den dieses Leben mit sich bringt, kann nur ertragen, wer es selbst so gewählt hat. Und wählen, so zu leben, kann nur der, bei dem die Wahl mit dem tiefsten Traum im Herzen, der tiefsten Berufung, übereinstimmt.

Post aus Chile II

Unsere lieben Freunde!

Jetzt seid ihr mir und meinen Abenteuern der Liebe so weit gefolgt.
So sehr wünsche ich euch, dass ihr die großen, wunderbaren Kräfte
der Liebe in eurem Leben entdeckt. Die Quelle der Liebe in unseren
Herzen ist unerschöpflich, weil sie direkt mit Gott verbunden ist, weil
Gott unerschöpflich ist. Für mich kommt die Liebe direkt von Gott.
Wenn ich mit Menschen am Ende ihres Lebens spreche, sagen viele,
dass sie versucht haben, ihr Leben gut zu leben. Manche erzählen
auch, wie sie fähig wurden, den Kreis ihrer Liebe auszudehnen,
von der Familie auf andere Menschen. Ihre Nächstenliebe wurde
politisch, als sie die Solidarität entdeckten. Häufig bedauern sie, dass
das erst so spät geschah, weil sofort ein neues, tieferes Glück in ihr
Leben einzog und es leuchten ließ. Möge dieses Glück, möge die
Liebe immer in eurem Leben leuchten.

Von Herzen umarmt euch
eure Karoline

»Es kann sein, dass du in deinem Leben nicht immer die
volle Ernte, den vollen Gewinn deiner Arbeit nach Hause
trägst. Aber das wahre Glück liegt nicht im Ernten. Auch
wenn wir das oft so sehen, ist das ein Irrtum. Dein Glück
liegt im Säen. Wenn du gut gesät hast, hast du dein Leben
gut gelebt.«

Epilog: Liebe trägt Früchte

Ach, eine letzte Liebesgeschichte will ich euch noch mit auf den Weg geben. Es geht um viele Hundert Bäume. Angefangen hat alles in einem Klostergarten und mit einem Traum.

Ich war gerade in Chile angekommen. Das Ordenshaus lag in Santiago, hoch oben über der Stadt im Reichenviertel Las Condes. Im Garten des Klosters standen wunderschöne Aprikosenbäume. Gärten und Früchte kannte ich aus meiner Kinderzeit von dem Leben auf dem Bauernhof meiner Großeltern.

Ich weiß nicht, warum, aber die Früchte hatten von Anfang an einen ganz besonderen Zauber für mich. Sie schmeckten so sonnensatt, so aromatisch. Ich habe sie geliebt, allein ihren Anblick, auch ohne zu wissen, was ich heute über sie weiß: wie pflegeleicht sie sind, resistent gegen Pilze und Ungeziefer. Sie wachsen schnell und tragen großzügig Jahr für Jahr Früchte. Sie beinhalten viele Vitamine und selbst noch die Aprikosenkerne sind als ein heute sehr geschätztes Mittel gegen Krebs nützlich.

Im Kloster kamen die Aprikosen als Kompott oder Marmelade auf den Tisch. In der Erntezeit gab es sie auch so zu essen, jede von uns erhielt einige zugeteilt, drei oder fünf, eine Handvoll. Wie köstlich schmeckten sie mir! Aber, ganz ehrlich, ich wunschte mir mehr davon. Und ab und zu ging ich zum Rosenkranzbeten in den Garten und pflückte mir einige Früchte. Das war zwar nicht ausgesprochen verboten – aber es ziemte sich nicht, sich als Schwester nicht beherrschen zu können. Nun, mein Verlangen nach Aprikosen war stärker als die Furcht vor dem, was die anderen von mir dachten.

So stand ich eines Tages wieder unter einem Aprikosenbaum, pflückte die Früchte, kostete ihre Süße, genoss die Fruchtsäure. Plötzlich wünschte ich mir, dass alle Menschen so viele Aprikosen essen könnten, wie sie möchten. Wie in einem Traum sah ich Hunderte von Aprikosenbäumen, natürlich in Armenvierteln.

Schatten und Früchte für alle

Als ich später in den Armenvierteln unter den Menschen lebte und in der Zeit des großen Hungers in sengender Hitze die aufgetriebenen Bäuche der Kinder behandelte, erinnerte ich mich an diesen Wunsch – ich träumte von Schatten und Früchten für alle.
So pflanzte ich mit einer Freundin Bäume, sicher fünfzig allein im Kindergarten. Von »Brot für die Welt« bekam ich das Geld, um Wasser zur Bewässerung zu kaufen. Aber die Kinder konnten die Finger nicht von den Pflanzen lassen. Wenn einmal ein Bäumchen gedieh, dann wurde es ganz sicher das Opfer von Jugendlichen, die sich abends langweilten und die kleinen Ruten zerstörten …
Erst als ich Ende der 70er-Jahre meiner deutschen Freundin Bärbel erzählte, wie gerne ich mit Aprikosenbäumen für Nahrung und Schatten sorgen würde, wendete sich das Blatt. Sie berichtete zu Hause, in Göttingen und Hannover, von meinem Wunsch. Es gab einen Geburtstag, bei dem eine große, leere Leinwand aufgestellt wurde, daneben ein Aprikosenkorb. Wer wollte, konnte eine Aprikose nehmen, dafür 1,50 DM in eine Spendendose legen und damit einen Baum finanzieren. Kaum zu glauben, aber kurze Zeit später bekam ich das Geld für mehr als tausend Bäume überwiesen! Ich war überwältigt und machte mich sofort ans Werk. Auf einer Plantage besorgte ich Aprikosen-, Orangen- und Zitronenbäume. Dann sollten die jungen Bäumchen in den Siedlungen angepflanzt werden. Dazu luden wir erst einmal im Gottesdienst alle ein, die Ruten mitzunehmen, mit der einzigen Auflage, sie vor dem Haus zu pflanzen und sich um sie zu kümmern. Bald fragten uns auch Nachbarn, Eltern aus den Kindergärten und Menschen aus anderen Siedlun-

gen nach Bäumen. Ich bekam Nachschub von den Pfadfindern aus Deutschland, und so pflanzten wir Tausende von Bäumen.

Und dieses Mal gelang es. Diese Bäume wurden von den Menschen, die sie gepflanzt hatten, gehütet. Mit den Kindern in den Kindergärten – dort hatten wir mehr als 400 Bäume gepflanzt – übten wir Gießen, Harken und vor allem, die Bäumchen zu ehren. Schon nach zwei Jahren konnten wir die ersten Früchte ernten, nach vier Jahren trug jeder Baum vier Eimer Aprikosen, nach acht Jahren schon zehn Eimer. Jeder einzelne Baum! Jahr für Jahr machten wir uns, immer in der Weihnachtszeit, daran, die Früchte zu ernten. Ich brachte den Menschen bei, wie man die köstlichen Erträge konservieren konnte, indem wir die Aprikosen trockneten und sie zu Kompott und Marmelade verarbeiteten. Wir hatten keine Hilfsmittel, ich musste es so machen, wie ich es meiner Großmutter abgeschaut hatte: auf ein Kilo Früchte ein Kilo Zucker. Irgendeine andere Zutat zum Gelieren hatten wir nicht. Was wir auch nicht hatten, waren Gefäße, erst recht keine verschließbaren – die Marmeladen aus der ersten Zeit mussten innerhalb von vier Wochen verbraucht werden!

Sonnengereift und fruchtigsüß

Nach und nach aber wussten immer mehr Menschen, wie Aprikosen haltbar gemacht werden können. Schließlich habe ich so lange getüftelt, bis ich herausfand, worin wir die Marmelade aufbewahren konnten. Die Lösung war ganz einfach, die Gefäße zum Nulltarif überall vorhanden. Wir mussten nur die endlos vielen, überall herumliegenden Plastikflaschen gleich aufbewahren, statt sie in den Müll zu werfen, und sie dann zur Vorbereitung gewissenhaft auswaschen. Hatte die Marmelade die richtige Konsistenz, mussten die sterilen Plastikflaschen in kaltes Wasser gestellt werden, damit sie die kochend heiß eingefüllte Masse aushielten. Die Flaschen mithilfe eines Trichters ganz und gar auffüllen, den Flaschenhals leicht andrücken, sodass die Marmelade oben fast wieder ausläuft, den Deckel aufschrauben, fertig.

Derart vakuumversiegelt hält sich unsere Marmelade monatelang. Wir stellen so viel Marmelade her, dass wir sie unmöglich allein essen können. Jedes Jahr verschenke ich Aprikosenmarmelade in kleinen und großen chilenischen Plastikflaschen zu Weihnachten und erfreue mich immer neu an dieser so mit Händen greifbaren, buchstäblich Früchte tragenden Liebe.

Mein Wunsch damals unter einem Aprikosenbaum als junge Schwester hat sich erfüllt – größer und schöner, als ich es mir jemals hätte erträumen können.

Liebe Karoline,

ich bin so randvoll mit Freude, dass ich dir heute einfach schreiben muss. Mehr als dreißig Menschen hatten wir eingeladen zu einem kleinen Hauskonzert. Gerade sind die letzten Gäste heimgegangen. Vom Kinderlied bis zu virtuoser Literatur war alles dabei, und das Wunderbarste: Alles konnte einfach nebeneinanderstehen, niemand stellte dumme Vergleiche an.

Über der Musik heute Nachmittag lag ein wunderbarer Zauber. Alle haben ihn gespürt. Ich musste an Yehudi Menuhin denken, der einmal gesagt hat, die Musik vermöge an die Größe des menschlichen Geistes zu erinnern. Danach waren wir noch im Garten, haben in der Sonne gesessen, Kaffee und Kuchen genossen. Die Gäste hatten Torten mitgebracht und ich ein großes Blech Aprikosenstreusel-kuchen gebacken. Ich hatte dein diesjähriges Weihnachtsgeschenk darin verarbeitet, deine Aprikosenmarmelade. Wieder hat sie dieses Jahr den Weg über den großen Teich zu uns gefunden.

Jedes Mal überlege ich mir ganz genau, was ich mit dieser kostbaren Marmelade mache. Immer suche ich eine besondere Gelegenheit, ein Fest, einen Geburtstag, einen Moment, in dem ich mir wünsche, dass all die Liebe, die in dieser Marmelade steckt, alle Solidarität, alle chilenische Sonne, aller Schatten, der im Armenviertel so dringend gebraucht wird – und alle Mühe des Konservierens von den Menschen sozusagen buchstäblich aufgegessen werden kann. Beim Backen stellte ich mir vor, wie die Liebe dann weitergetragen wird, neue Inspirationen schenkt, neue Ideen, neue Kraft, neuen Mut spendet.

Deine Marmelade erinnert mich daran, was möglich ist. Weißt du noch, als ich dich besucht habe und wir zusammen durch die Armenviertel gelaufen sind? Ich klagte, dass mir die Bäume und das Grün fehlten! Da hast du mir die Aprikosenbäume in eurem Viertel und in euren Kindergärten gezeigt und mir ihre Geschichte erzählt. Und auch, dass du in der Weihnachtszeit tage- oder besser nächtelang Marmelade einkochst.

Damals lernte ich dich gerade erst kennen, das ist wohl meine einzige Entschuldigung. Denn ich staunte zwar über die vielen schönen Bäume, aber ich dachte doch bei mir: »Na ja, liebe Karoline, wer soll dir das denn glauben, dass du neben all deinen Aufgaben in Chile, Bolivien, Peru, deinen Reisen nach Europa, deiner politischen Arbeit mit Parlamentariern und Ministern, deinen Kämpfen für bessere Bedingungen deiner geliebten Menschen in den Armenvierteln, bei der Sorge für deine Mitschwestern, deiner Gemeindeleitung, den Beerdigungen und den pastoralen Diensten, der Fürsorge für eure Adoptivkinder und Enkel – dass du neben all dem auch noch Zeit hast, nächtelang Marmelade einzukochen? Erzähl das, wem du willst, aber bitte nicht mir!«

Ich verbarg meine Zweifel vor dir, ein Korn Enttäuschung über diese in meinen Augen völlig unnötige Übertreibung war mit dabei.

Du kannst dir mein Erstaunen – und meine Scham – nicht vorstellen, als ich ein paar Wochen später, in der Weihnachtszeit, ein kleines Päckchen von dir aus dem Briefkasten fischte und darin eine kleine Plastikflasche mit Aprikosenmarmelade fand!

So süß kann eine Mahnung sein. Mich jedenfalls erinnern Aprikosen seither daran, nicht so klein zu denken, Herz und Seele weit zu machen. Manchmal ermutigen sie mich auch, meine Träume nicht so schnell aufzugeben. Wenn ich an deine Aprikosen denke, erklingt in meinem Herzen die wunderschöne Zeile aus einem Gedicht von Rainer Maria Rilke: »Und dann meine Seele sei weit, sei weit, daß dir das Leben gelinge«.

Und manchmal gelingt dann etwas, so wie heute in unserem kleinen Hauskonzert, das wir vor allem für zwei Menschen ausrichten wollten: einen, der in der Shoah großes, nie gesühntes Unrecht erlitten hat und der als unser Ehrengast froh auf dem Sofa saß, und einen noch ganz jungen Menschen, der neuen Mut für sein Leben braucht. Still saß ich unter den Gästen, freute mich darüber, dass diese beiden diesen Nachmittag genießen konnten und auch alle anderen vom Zauber des Augenblickes erfasst wurden.

Das wollte ich dir schreiben, solange ich den Geschmack deiner Aprikosenmarmelade noch auf der Zunge habe.

Sehr herzlich,
deine Angela

Mehr zu Schwester Karolines Leben und Wirken

Über Karolines spannendes, aufregendes Leben erfährst du mehr in ihrer Biografie:

Das Geheimnis ist immer die Liebe. Mein Leben in den Slums von Chile. Von Karoline Mayer und Angela Krumpen, 2010, Herder Verlag

Informationen über Karolines Arbeit und ihre Gemeinschaft findest du im Internet. Jeder, der die Arbeit unterstützen möchte, ist herzlich willkommen.

www.cristovive.de (deutsch)
www.fundacioncristovive.cl (spanisch und englisch)

 Das »Stückchen Himmel« ist das Symbol von Karolines Gemeinschaft und ihrer Arbeit. Wunderbar zeigt es die zentrale Botschaft: Wenn wir uns dem Leid zuwenden, verwandelt es sich. Aus dem blauen Kreuz wird eine Blume, durch die der Himmel leuchtet. Mit dem silbern eingefassten Lapislazuli-Kreuzchen kannst du Nelson (seine Geschichte findest du auf Seite 18) und die Arbeit der Cristo Vive unterstützen. Und du holst dir ein Stückchen Himmel nach Hause. Es kann dich an das Geheimnis eines erfüllten Lebens erinnern und dich ermutigen: Liebe, dann wirst du glücklich.

Das Kreuzchen bekommst du entweder hier:
Cristo Vive Europa – Partner Lateinamerikas e.V.
c/o Gabriele Braun, Stumpfe Eiche 51a, 37077 Göttingen
Oder du findest es auf dieser Internetseite:
www.cristovive.de/einstueckchenhimmel

143

Projektleitung: Anja Schmidt
Lektorat: Daniela Weise
Covergestaltung und Layout:
independent Medien-Design,
Horst Moser, München
Herstellung: Renate Hutt
Satz: Liebl Satz+Grafik, Emmering
Reproduktion:
Repro Ludwig, Zell am See
Druck und Bindung:
GGP Media GmbH, Pößneck

Bildnachweis:
Coverfoto: Bertram Walter, Freiburg

ISBN 978-3-8338-2763-1

1. Auflage 2013

Die GU-Homepage finden Sie unter www.gu.de

 www.facebook.com/gu.verlag

Unsere Garantie

Liebe Leserin und lieber Leser,

wir freuen uns, dass Sie sich für ein GU-Buch entschieden haben. Mit Ihrem Kauf setzen Sie auf die Qualität, Kompetenz und Aktualität unserer Ratgeber. Dafür sagen wir Danke! Wir wollen als führender Ratgeberverlag noch besser werden. Daher ist uns Ihre Meinung wichtig. Bitte senden Sie uns Ihre Anregungen, Ihre Kritik oder Ihr Lob zu unseren Büchern.
Haben Sie Fragen oder benötigen Sie weiteren Rat zum Thema? Wir freuen uns auf Ihre Nachricht!

Wir sind für Sie da!
Montag–Donnerstag:
8.00–18.00 Uhr;
Freitag: 8.00–16.00 Uhr
Tel.: 0800/7237333
Fax: 0800/5012054
(kostenlose Servicenummern)
E-Mail:
leserservice@graefe-und-unzer.de
P.S.: Wollen Sie noch mehr Aktuelles von GU wissen, dann abonnieren Sie doch unseren kostenlosen GU-Online-Newsletter und/oder unsere kosten losen Kundenmagazine.

GRÄFE UND UNZER VERLAG
Leserservice
Postfach 86 03 13
81630 München

Ein Unternehmen der
GANSKE VERLAGSGRUPPE